EXTRAIT DU COMPTE - RENDU DES TRAVAUX

# DU CONGRÈS INTERNATIONAL DES AMÉRICANISTES

SECONDE SESSION — LUXEMBOURG — 1877

**Tome I**

# LES COLONIES EUROPÉENNES

## DU MARKLAND ET DE L'ESCOCILAND

### (DOMINATION CANADIENNE)

## AU XIVᵉ SIÈCLE

ET LES VESTIGES QUI EN SUBSISTÈRENT

JUSQU'AUX XVIᵉ ET XVIIᵉ SIÈCLES

PAR

# E. BEAUVOIS

Chevalier des ordres du Dannebrog et de Saint-Olaf ;
Membre des Sociétés :
des Antiquaires du Nord (Copenhague) ; des Antiquités suédoises (Stockholm) ;
d'Histoire et d'Archéologie de l'arrondissement de Beaune ;
Correspondant de la commission des Antiquités du département de la Côte-d'Or,
et des Sociétés :
de Littérature finnoise (Helsingfors) ; d'Histoire et d'Archéologie
de Chalon-sur-Saône ; des Antiquaires de France ; des Sciences historiques et
naturelles de Semur.

—  ——  —

NANCY

TYPOGRAPHIE DE G. CRÉPIN-LEBLOND

14, GRAND'RUE (VILLE-VIEILLE).

—

1877

l'ordre de Saint-Columba. La situation de cette contrée peut être déterminée approximativement grâce aux sagas et aux géographies islandaises du moyen âge qui nous font connaître celle du Markland, aujourd'hui la Nouvelle Ecosse. Pendant trois siècles, il n'est plus question de ces pays. Les Norvégiens du Grœnland y naviguaient pourtant au XIV<sup>e</sup> siècle et leurs expéditions dans ces parages avaient dû recommencer après l'année 1285. A cette date, en effet, les fils de Helgé, Adhalbrand et Thorvald, prêtres islandais, découvrirent la Terre Neuve située au sud-ouest de l'Islande, c'est-à-dire précisément dans les régions où Sébastien Cabot reconnut l'Ile de Terre Neuve, en 1496, et où les plus anciens géographes des temps modernes plaçaient les Terres Neuves, insulaire et continentale. L'identité du vieux nom norrain avec la dénomination récente est un indice qu'il s'est transmis par tradition du XIII<sup>e</sup> au XV<sup>e</sup> siècle. On sait en effet que les Anglais, dont les relations avec l'Islande remontaient aux premiers temps de la colonisation de cette île, continuèrent, même après que les rois de Norvège se furent réservé le monopole dans leur colonie, à y faire un commerce interlope, notamment au XV<sup>e</sup> siècle. Les documents où il est question de la découverte de la Terre Neuve furent conservés en Islande beaucoup plus tard, et les Anglais en eurent sans doute connaissance, puisque le chancelier Bacon, parlant des voyages de Sébastien Cabot, avoue que l'on avait souvenir de quelques terres vues antérieurement vers le nord-ouest.

Quatre ans après la découverte de la Terre Neuve et des Dúneys ou Iles au duvet, le roi de Norvège Eirík Magnússon, chargea un certain Rólf de les explorer. Celui-ci parcourut l'Islande, en 1290, pour recruter des compagnons de voyage, et il paraît avoir réussi dans son entreprise, puisque à sa mort, arrivée en 1295, il était surnommé Landa-Rólf ou Rólf des pays. C'est probablement alors que les Grœnlandais recommencèrent à naviguer dans le Markland et la Grande Irlande. Ces relations continuèrent au siècle suivant où les

Annales islandaises nous signalent un voyage du Grœnland au Markland, en 1347, et où un pêcheur frislandais, c'est-à-dire færeyen, qui avait été poussé par la tempête dans un pays transatlantique, situé fort loin à l'ouest des Færeys et nommé Estotilanda, rapporte que les habitants tiraient du Grœnland divers articles, comme des fourrures, du soufre et du goudron. Ce récit consigné dans une lettre écrite de Frislande, vers 1400, par le navigateur vénitien Antonio Zeno, ne fut publié que cinq générations plus tard, et l'éditeur peut fort bien avoir confondu le *c* et le *t*, qui étaient presque semblables dans le caractère cursif du XV<sup>e</sup> siècle. Aussi, avons-nous déjà proposé de lire, au lieu d'Estotilanda, Escociland, qui doit signifier pays des Ecossais et qui reporte immédiatement l'esprit à la Grande Irlande, les noms d'Ecossais et d'Irlandais s'appliquant indifféremment à l'un et à l'autre de ces peuples pendant le moyen âge. Quoiqu'il en soit, l'Escociland avait certainement reçu une colonie européenne, puisque tous les arts de l'Europe, excepté l'emploi de la boussole, y étaient pratiqués, et qu'il y avait des livres latins dans la bibliothèque du roi. Mais cette colonie ne devait pas être scandinave, et, par suite, le pays ne pouvait correspondre au Markland ; autrement le pêcheur n'aurait pas eu de peine à s'entretenir avec les habitants et n'aurait pas dit qu'ils avaient une langue et une écriture particulières. Ces circonstances, au contraire, s'appliquent fort bien à l'ancien irlandais, qui devait être inintelligible à un frislandais et dont l'alphabet, bien que dérivé du latin, en diffère cependant par quelques modifications. Or, si les propagateurs de la civilisation européenne dans l'Escociland n'étaient pas des Norvégiens du Grœnland, ils ne pouvaient être que des Scoto-Irlandais, aucun autre peuple européen n'ayant eu des colonies au nord du Nouveau Monde avant les voyages de Colomb. L'Escociland est donc identique avec la Grande Irlande, qui était située en face et à proximité du Markland, mais qui ne se confondait pas avec lui ; c'était un pays d'assez grande étendue, à peu près comme l'Islande ; bien que le pêcheur frislandais le représente comme une île, ce ne peut être l'île de Terre-Neuve, qui n'a aucun des caractères attribués à l'Escociland par notre auteur. Comme cette contrée fertile ne peut non plus être le stérile Labrador, ni la partie nord-ouest des Etats-Unis, qui ne ressemble ni de loin ni de près à une île, il faut que ce soit la péninsule située au sud de l'estuaire du fleuve Saint-Laurent, c'est-à-dire le Nouveau Brunswick avec la Gaspésie et les comtés adjacents du Canada, probablement aussi la partie orientale de l'Etat du Maine. Le narrateur a pris ce territoire pour une île et il n'a pas été seul à s'y tromper : des explorateurs et des géographes de profession ont commis la même erreur jusqu'au milieu du XVIIIe siècle ; ils croyaient en effet que le Kennebek était en communication directe avec le fleuve Saint-Laurent, et ils faisaient une véritable île de la péninsule située à l'est de cette rivière et de la rivière Chaudière. Les habitants de l'Escociland extrayaient des métaux que l'on retrouve en effet dans cette presqu'île, et la connaissance qu'ils en avaient les distinguait nettement des Indiens du voisinage et des Esquimaux, restés à l'âge de pierre.

Une flotte frislandaise, guidée par des compagnons de voyage du pêcheur mort antérieurement, partit pour explorer l'Escociland ; malheureusement, elle fut désorientée par la tempête et ne put retrouver ce pays, de sorte que Antonio Zeno n'a pu ajouter aucune notion à celles du naufragé frislandais. Mais le récit de ce dernier n'a rien qui ne puisse s'expliquer raisonnablement et l'on n'est pas autorisé à en contester la véracité, d'autant plus que, dans la péninsule visitée par lui, les navigateurs et missionnaires français des XVIe et XVIIe siècles ont constaté la présence de croix, de pratiques et de croyances chrétiennes, et d'autres traces de la civilisation de l'Ancien Monde, notamment des mots approchant du latin, le chant de l'Alleluya, le nom de Jésus et celui de Messou, appliqué à un Dieu réparateur et faisant partie de la Trinité.

Les mêmes vestiges ont été également signalés dans la

Nouvelle Écosse ; ils confirment ce que les Annales islandaises disent des relations du Grœnland avec le Markland. De plus, les côtes méridionales de l'ancienne Acadie française portaient encore au XVIᵉ siècle le nom de Norombègue ou contrée norvégienne et la capitale s'appelait Normanville, nom dont la signification n'est pas douteuse. A la vérité, Champlain et Lescarbot ont contesté l'existence de la ville de Norombègue ; mais, s'ils n'en ont pas découvert les ruines, c'est qu'ils ne les ont pas cherchées dans la situation et les circonstances indiquées par ceux qui ont parlé de cette cité. On a d'ailleurs dans l'histoire de ce pays des exemples authentiques de la rapidité avec laquelle ont disparu les restes même d'établissements modernes. A défaut de vestiges matériels, les traces de l'influence civilisatrice des colons irlandais et scandinaves étaient encore reconnaissables chez les habitants de la Norombègue. Bien que séparés de la mère patrie depuis des siècles, ils se distinguaient toujours des Peaux-Rouges par une plus grande habileté, des mœurs plus douces, des fourrures plus riches ; ajoutons qu'ils se servaient de fils de coton et que Membertou, grand sagamos de ce pays, avait de la barbe comme un européen. Au physique comme au moral, les indigènes de l'Acadie, Souriquois, Etchemins et Abenakis étaient à demi européanisés avant l'arrivée des explorateurs du XVIᵉ siècle. Aussi nulle part dans la Nouvelle France les alliances entre Français et Indiens ne furent-elles aussi fréquentes que dans l'Acadie. La bonne intelligence qui régna constamment entre les colons et les indigènes de cette contrée de l'Amérique, tenait, il est permis de le supposer, à des affinités d'origine et à des causes historiques. C'est ce que nous nous proposons de démontrer en établissant les faits que nous venons d'énumérer. Ce bref résumé aidera le lecteur à suivre le fil de notre argumentation à travers les preuves que nous avons à fournir et les documents que nous devons analyser, reproduire, commenter.

Commençons par déterminer la situation du Markland qui paraît avoir été du nombre des contrées que Bjarné aperçut et longea sans y aborder. Ce navigateur était islandais et il se trouvait en Norvège lorsque son père Herjúlf, qui possédait la pointe sud-ouest de l'Islande, entre Vág et Reykjanes, partit avec Eirík Raudhé, au printemps de 986, pour coloniser le Grœnland et s'établir dans un golfe, depuis nommé Herjúlfsfjordh (1). Bjarné, étant retourné l'été suivant dans son île natale, apprit que son père était parti et il résolut de l'aller rejoindre de suite. Au lieu donc de décharger son navire, il remit à la voile et se dirigea vers le Grœnland, bien qu'il n'en connût pas le chemin. Après trois jours de marche, les navigateurs furent poussés vers le Sud par le vent du Nord, pendant plusieurs journées, et ils ne savaient plus où ils en étaient, à cause du brouillard qui leur dérobait la vue des astres. Lorsque le soleil se montra de nouveau, ils aperçurent une terre dont ils s'approchèrent pour la côtoyer; c'était un pays boisé, n'ayant que de petites collines, sans montagnes. Bjarné, n'y découvrant pas les hauts glaciers dont on lui avait parlé, jugea que ce ne devait pas être le Grœnland. Laissant donc la terre à bâbord, il continua à naviguer pendant deux jours, au bout desquels il vit un autre rivage plat et boisé, qui ne répondait pas non plus à la description du Grœnland. Il regagna la haute mer où il navigua trois jours,

---

(1) On pense que Herjúlfsfjordh correspond au golfe de Narksamiut, et Herjúlfsnes au promontoire d'Igikeit. La demeure de Herjúlf devait être non loin de la mission morave de Frederiksthal, située sur la côte occidentale du Grœnland par 60° de latitude septentrionale, et tout près de Œstprœven, où l'on a trouvé les ruines d'une église et de plusieurs maisons, un ancien cimetière avec de petites croix de bois, des linceuls de *vadmel* (bure), des fragments de cloche et même des inscriptions norraines, les unes en lettres latines, les autres en caractères runiques (Voy. *Grœnlands historiske Mindesmærker*, T. III, p. 851-2, et 800-2; pl. IV; pl. IX, fig. 1-8; —H. Rink, *Grœnland, geographisk og statistisk beskrevet*, T. II. Copenhague, 1857, in-8°, p. 10-11.

poussé par un vent de sud-ouest, et vit une île haute, couverte de montagnes et de glaciers, qui semblait inhabitable. Il continua donc sa route avec le même vent qui prenait de plus en plus de force, et, le soir du quatrième jour, il arriva à Herjúlfsnes qui se trouvait être l'établissement le plus méridional de la colonie (1).

Lorsque Bjarné retourna en Norvège et qu'il y parla des pays vus accidentellement par lui, on le trouva bien peu curieux de ne pas les avoir visités et on le blâma de n'avoir rien à en raconter. Les colons islandais du Grœnland parlaient alors beaucoup de voyages de découvertes; Leif, fils d'Eirik Raudhé, désireux de suivre les traces de son père, acheta le navire de Bjarné, recruta trente-quatre hommes et partit de Brattahlídh (2), en l'an 1000, pour explorer les pays vus par Bjarné. En arrivant à la dernière des trois contrées que celui-ci avait négligé de visiter, il jeta l'ancre et gagna la côte avec une barque; il n'y avait pas de gazon, mais de grands glaciers qui couvraient tout l'intérieur du pays, et de leur pied à la mer ce n'étaient que rochers; aussi donnèrent-ils le nom de *Helluland* (pays de dalles) à cette contrée qui leur parut sans valeur. S'étant remis en mer, ils virent un autre pays plat, couvert de bois, de sable blanc, et sans escarpe-

- - - - - - - - - - -

(1) *Landnámabók* dans *Íslendinga sœgur*. Copenhague, 1843, in 8°, t. I, p. 106-7; — *Eiríks Raudha tháttr*, dans *Flateyjarbók*, en *Samling af norske Konge-Sagaer*, édité par G. Vigfusson et C. R. Unger. Christiania, 1860-1868, 3 vol. in-8° t. I, p. 431-2; — *Antiquitates Americanæ* par Ch. Chr. Rafn, Copenhague, 1845, in-folio, p. 17-25; — *Grœnlands historishe Mindesmærker*, par Finn Magnusen et Rafn, Copenhague, 1838-1845, 3 vol. in-8°, t. I, p. 208-9.

(2) Que l'on conjecture être Igalikko, situé par 60° 55' de latitude septentrionale au fond du golfe qui baigne l'établissement de Julianehaab. (*Grœnlands hist. Mindesm.* III, p. 779-780 et 810-817; Rink, *Grœnland*, II, p. 7-10).

ment du côté de la mer; à cause de ces circonstances ils l'appelèrent *Markland* (Pays de bois). Poursuivant leur route, poussés par un vent du nord-est, ils découvrirent au bout de deux jours le *Vinland* (Pays de Vignes), où le soleil restait sur l'horizon pendant neuf heures, de sept heures et demie du matin à quatre heures et demie après midi, dans les jours les plus courts (1). Ces indications astronomiques nous autorisent à placer le Vinland par 41° 24' 10" de latitude septentrionale, c'est-à-dire dans les Etats de Massachusetts et de Rhode-Island.

La saga de Thorfinn Karlsefné qui, comme toute monographie, paraît avoir une tendance à glorifier son héros, lui attribue l'exploration des contrées vues par Bjarné, tout en laissant à Leif le mérite d'avoir découvert le Vinland. Quoiqu'elle ne paraisse pas mériter autant de crédit que les *Episodes do Eirik Raudhé et des Grœnlandais*, moins entremêlés de fables, il est bon pourtant de reproduire ce qu'elle dit des pays explorés, ne fût-ce que pour les traits particuliers qu'elle ajoute et qui servent à mieux caractériser la nature et la situation de ces contrées. Thorfinn, navigateur islandais, s'étant rendu pour affaires de commerce dans la colonie du Grœnland, en 1006, épousa peu après Gudhrídhe, aussi nommée Thuridhe, veuve de Thorstein, fils d'Eirik Raudhé. Ayant entendu parler des découvertes de Leif, beau-frère de sa femme, et des infructueuses tentatives d'exploration faites par Thorstein, premier mari de Gudhrídhe, il résolut d'aller coloniser le Vinland. En 1007, ils firent voile pour les déserts de l'Ouest, probablement le Labrador, et de là pour les Bjarneys (iles des Ours); puis après avoir navigué deux jours dans la direction du Sud, ils virent un pays couvert de grandes dalles plates dont beaucoup avaient vingt-quatre

---

(1) *Grœnlendínga Tháttr* dans *Flateyjarbók*, t. I, p. 538-9; — *Grœnlands hist. Mindesm*, t. I, p. 214-219; — *Antiquitates Americanæ*, p. 26-30.

pieds de large ; il y avait également un grand nombre de renards. Ils donnèrent à cette contrée le nom de *Helluland* (Pays de dalles) ; ensuite ils firent voile encore pendant deux jours avec le vent du nord et, tournant du sud au sud-est, ils trouvèrent un pays boisé et peuplé d'animaux qu'ils nommèrent *Markland* (pays de bois). Au sud-est de la terre, il y avait une île où ils tuèrent un ours, et qu'ils appelèrent *Bjarney* (île de l'Ours). Ils arrivèrent à destination deux jours après (1). Il est fort possible que Thorfinn ait visité de nouveau les pays auxquels Leif avait déjà donné un nom, et que la seule erreur de la saga soit d'en avoir attribué la découverte à son héros. — Quatre ans après, en 1011, Thorfinn, retournant du Vinland au Grœnland, fit une nouvelle descente dans le Markland, où il s'empara de deux Skrælings enfants. Ces indigènes, ayant appris la langue norraine, rapportèrent « qu'une autre grande contrée, située en face de leur pays, était habitée par des gens qui marchaient vêtus de blanc, portant devant eux des perches où étaient fixés des étendards et criant fort ». On pense que c'était le *Hvítramannaland* (pays des hommes blancs) ou Grande Irlande (2).

Voilà une analyse complète des plus anciens textes norrains qui concernent le Markland ; d'autres, empruntés à des géographes du moyen-âge, ont été reproduits et traduits dans le compte-rendu de la première session du Congrès (3) ; il est donc inutile de les analyser ici ; mais il faut ajouter un précieux renseignement qui nous aidera à déterminer la situation du Markland. Il fut consigné par le *lœgmadhr* ou préteur

------

(1) *Saga de Thorfinn Karlsefné*, dans *Grœnlands hist. Mindesm.* I. p. 408-411 ; — et *Antiqvitates americanœ*, p. 137-139 et 170-1.

(2) *Saga de Thorfinn Karlsefné*, dans *Grœnlands hist. Mindesm.* I. p. 436-9 ; — et *Antiq. Amer.*, p. 162-3.

(3) T. I. p. 84-85, et p. 44-45 du tirage à part de la *Découverte du Nouveau-Monde par les Irlandais*.

Hauk Erlendsson, mort en 1334, dans un manuscrit aujourd'hui perdu dont l'excerptateur Bjœrn Jónsson de Skardsá, mort en 1656, nous a conservé des extraits dans ses *Annales du Grœnland*. Dans le Nordhrseta, dit l'auteur inconnu, « il y a du bois flotté, mais il n'y croît pas d'arbres. Cette pointe septentrionale du Grœnland reçoit surtout du bois et toutes sortes d'épaves venant des golfes du Markland (1) ». Aujourd'hui encore, on pêche dans les récifs du Grœnland du bois flotté dont la provenance à la vérité est incertaine ; mais il n'est pas douteux que, parmi ces épaves, il n'y ait de l'écorce semblable à celle dont les Indiens font leurs canots ; quelques-unes portent encore des restes du crin avec lesquels elles étaient cousues (2). Or, les sauvages étant depuis plusieurs générations refoulés à une très-grande distance dans l'intérieur des terres, ces écorces ne peuvent venir que par les très-grands fleuves, le Mississipi, le Rio Grande ou le Saint-Laurent ; et comme il ne peut être question de placer le Markland sur le littoral du golfe du Mexique, il faut bien le chercher sur les rives du golfe Saint-Laurent. C'est à ce dernier bassin que nous reportent en effet toutes les indications contenues dans les textes analysés plus haut.

Le dernier pays vu par Bjarné Herjúlfsson correspond au premier qu'explora Leif ; c'était une île, située au sud du Grœnland, haute, montueuse, privée de gazon, partout couverte de glaciers. Entre ceux-ci et la mer s'étendaient des rochers et des dalles dont quelques-unes mesuraient vingt-quatre pieds de largeur ou, suivant une variante, avaient plus de deux fois la hauteur d'un homme. Cette description s'applique parfaitement à diverses parties de l'île de Terre Neuve (3) et nous autorise à l'identifier avec le *Helluland*

---

(1) *Antiq. amer.*, p. 275 ; — *Grœnlands hist. Mindesm.* T. III, p. 242-3.

(2) H. Rink, *Grœnland.* II, p. 166.

(3) *Antiquitates amer.*, p. 421-2, où sont reproduits divers passages des voyageurs et des topographes modernes.

des anciens, ou pour donner plus de précision à ce terme, avec le *Helluland it littla* (Petit Helluland) (1) des géographes scandinaves du moyen-âge ; car ils nomment le Labrador *Helluland it mikla* (Grand Helluland) (2). Ce pays participe en effet de la nature ingrate de la grande île voisine. Voici ce que dit Jacques Cartier de la côte méridionale du Labrador qu'il observa dans le détroit de Belle-Isle : « Si la terre correspondait à la bonté des ports, ce serait un grand bien ; mais on ne la doit point appeler terre ; ce sont bien plutôt cailloux et rochers sauvages, et lieux propres aux bêtes farouches, d'autant qu'en toute la terre, vers le nord, je n'y vis pas tant de terre qu'il en pouvait tenir en un benneau (petite banne) (3) ».

La situation du Helluland étant bien déterminée, et celle du Vínland n'étant pas douteuse, il nous est désormais facile de préciser celle du Markland. Cette contrée se trouvant entre le Petit Helluland et le Vínland, dont elle n'était éloignée que de deux jours de navigation, ne peut être que la péninsule Acadienne ou Nouvelle Ecosse ; la description qu'en donne l'Episode des Grœnlandais (pays plat, boisé, sablonneux et sans escarpement du côté de la mer), correspond à celle que les routiers modernes font du littoral sud-est de la Nouvelle Ecosse, depuis le cap Sable jusqu'au cap Canseau (4). A l'origine, donc, le nom de Markland désignait proprement la péninsule Acadienne ; c'est plus tard que les commentateurs du moyen-âge (5) l'appliquèrent par extension

------

(1) Bjœrn Jónsson, dans *Antiq. amer.*, p. 419.

(2) *Antiq. amer.*, p. 419.

(3) Jacques Cartier, 1er voyage, § 8 dans *Voyageurs anciens et modernes*, par M. Ed. Charton. Paris, 4 vol. in-4°. T. I, 1857, p. 9.

(4) *Antiq. americanæ*, p. 423.

(5) *Antiq. amer.*, p. 296, 419 — *Grœnlands hist. Mindesm.* III, p. 227.

à tout le littoral de la domination canadienne, jusqu'au golfe Saint-Laurent.

Les premiers navigateurs scandinaves qui ont découvert ou exploré les côtes du Markland ne paraissent pas y avoir fondé de colonie. Ils préféraient sans doute le climat plus doux et le sol plus fertile du Vinland, qui forme en effet l'une des plus riches contrées des États Unis. Le silence des sagas à l'égard du Markland, après 1011, est très-significatif, car les trois siècles suivants appartiennent encore à la période des sagas, qui nous est connue par nombre de documents écrits ; et un fait important comme la colonisation du Markland n'aurait pas échappé à l'attention des *sœgumen* ou traditionnaires : on en trouverait des traces soit dans les sagas qui nous sont parvenues, soit dans les Annales qui en sont des abrégés très-secs, mais remplis de dates et de faits ; or, après les premières explorations, le Markland n'est plus mentionné avant l'année 1347, où il reparaît subitement comme une contrée avec laquelle le Grœnland était en relations. Cette notice, malheureusement trop brève a pourtant une grande importance, parce qu'elle est consignée dans un manuscrit qui a une date certaine, le *Flateyjarbók* ou livre de Flatey, dont la transcription fut achevée en 1387 (1), c'est-à-dire plus de cent ans avant les voyages de Christophe Colomb ; elle n'est donc pas suspecte d'avoir été ajoutée à l'effet d'attribuer aux Scandinaves une priorité dans la découverte du Nouveau Monde.

Les *Annales* qui terminent ce manuscrit placent, entre la bataille de Crécy (1346) et l'apparition de la peste noire dans les contrées septentrionales (1349), la mention suivante : « Il vint alors [en Islande] un navire du Grœnland, monté par dix-huit hommes et qui avait visité le Markland (2). » Les

---

(1) Voy. la préface de l'édit. de Christiania, 1860. T. I, p. II-III.

(2) « Thá kom skip af Grœnlandi that er sótt hafdhi til Marklands ok áttian men á. » *Flateyjarbók*, T. III. p. 561 ; cfr. *Antiq. Amer.* p. 264-5, 453, et *Grœnlands hist. Mindesm.* T. III, p. 14-15.

*Anciennes annales de Skálholt* (1) sont encore plus explicites. Après avoir rapporté de nombreux naufrages dont les éditeurs des *Antiquités américaines* et des *Monuments historiques du Grœnland* ont, au moyen de nombreux synchronismes, déterminé la date qu'ils placent en 1347, l'annaliste ajoute que, cette même année, « Il vint aussi un navire du Grœnland, moins grand que les petits vaisseaux qui font le voyage d'Islande ; qu'il aborda dans le Straumfjœrdh extérieur ; qu'il était sans ancre et qu'il portait dix-sept hommes, qui s'étaient rendus dans le Markland, mais qui avaient ensuite été poussés ici à la dérive (2). » Quatre autres recueils d'annales plus récents rapportent les mêmes faits, mais sans y rien ajouter ; aussi n'est-il pas utile d'en reproduire les passages relatifs à la question. Les expressions *hafdhi sótt* (avait visité) et *hœfdhu farit* (avaient fait un voyage) ne laissent aucun doute sur la nature de l'expédition ; les navigateurs s'étaient rendus volontairement dans le Markland et n'y avaient pas été jetés par la tempête comme sur les côtes d'Islande.

A quelle époque avaient recommencé les relations avec le nouveau continent ? Nos sources ne le disent pas expressément, mais nous pouvons le conjecturer d'après les trop brèves, mais précieuses indications que nous donnent encore

--- --- ---

(1) *Skálholts annáll hinn forni,* 18 feuillets, pet. in-fol., écrits sur parchemin, probablement au milieu du XIV<sup>e</sup> siècle, puisque ces annales se terminent en 1356. Elles étaient autrefois conservées dans la ville dont elles portent le nom, et font actuellement partie de la collection Arna-Magnéenne à la bibliothèque de l'Université de Copenhague. *(Antiq. Americanœ,* p. 257).

(2) « Thá kom ok skip af Grœnlandi, minna at vexti en smá Íslandsfœr ; that kom i Straumfjœrdh inn ytra ; that var akkerilaust ; thar voru á XVII men, ok hœfdhu farit til Marklands, enn sidhan vordhit hingat afreka. » *(Antiq. Amer,* p. 264-5 ; — *Grœnlands histor. Mindesm.* III, p. 14-15.)

à cet égard les annales islandaises. Les *Annales royales* (1) rapportent que, en 1285, « les fils de Helgé, Adhalbrand et Thorvald, découvrirent la Terre Neuve (2). » Ces deux personnages sont parfaitement connus par la *Saga de l'Évêque Arné*, qui donne de nombreux renseignements sur leurs relations d'abord amicales, plus tard hostiles, avec ce prélat, mais qui ne parle pas de leur découverte, d'ailleurs totalement étrangère à son sujet spécial. — Les *Annales très-anciennes* (3) qui datent du commencement du XIV<sup>e</sup> siècle et le *Flateyjarbók* parlent de cette découverte sans en mentionner les auteurs, mais nous apprennent que la Terre Neuve est située à l'ouest de l'Islande (4). Les *Annales de Hols*, qui se terminent en 1394, disent seulement que la « Terre Neuve fut découverte (5) » ; enfin Bjœrn Jónsson de Skardsá (mort en 1656), dans ses *Annales du Grœnland*, compile tous les renseignements donnés par ses prédécesseurs ; c'est lui qui est par conséquent le plus complet, mais il avait le grave désavantage

-----

(1) Ainsi appelées parce qu'elles sont conservées à la bibliothèque du roi à Copenhague, dans un manuscrit sur parchemin, transcrit par deux copistes ; elles sont dues à trois annalistes au moins : 1º celui qui les commença et qui, comme nous l'apprend le titre, les mena jusqu'à la cinquième année du règne de l'empereur Frédéric I (1156) ; — 2º celui qui recopia ces annales et les mena jusqu'en 1307 ; — 3º celui qui les continua jusqu'à l'année 1328, où elles se terminent. Les passages qui concernent la découverte d'Adhalbrand et de Thorvald sont de la main du second, qui était contemporain de cet événement. (*Antiquitates Americanœ*, p. 256.)

(2) « Fundu Helgasynir nýja land, Adhalbrandr ok Thorvaldr. » (*Antiq. Amer.* p. 262 ; — *Grœnl. hist. Mindesm.* T. III, p. 12-13.)

(3) Manuscrit sur parchemin de la collection Arna-Magnéenne. Il se termine en 1313.

(4) « Fannst land vestr undan Íslandi. » (*Antiq. Amer.* p. 262 ; — *Grœnlands hist. Mindesm.* III, p. 12-13.)

(5) « Fannst nýja land. » (*Ibid. Ibid.*)

d'écrire plus de trois siècles et demi après l'événement qui nous intéresse.

Les *Anciennes Annales de Skálholt* dont il a déjà été question, et les *Annales du Préteur* (Lœgmadhr ou Lagman) (1), qui se terminent en 1392, forment une autre classe de renseignements; elles rapportent qu'en 1285, « les Dúneys furent découvertes (2). » Comme il n'est aucunement vraisemblable que des parages éloignés l'un de l'autre aient été découverts la même année, il est rationne de supposer que les Dúneys étaient des îles voisines de la Terre Neuve.

Les documents cités précédemment n'indiquent pas avec précision la situation des Iles et Terre Neuve; quelques-uns disent seulement qu'elles étaient à l'ouest de l'Islande; c'est un peu vague. Heureusement qu'une annotation du livre de copie de Gissur Einarsson, évêque de Skálholt, de 1541 à 1548, nous donne le moyen de déterminer plus exactement la situation de la Terre Neuve. Comme ce personnage fut le premier évêque protestant de Skálholt, et que son diocèse était le plus rapproché des anciennes colonies norvégiennes du Nouveau Monde, il se proposait peut-être de faire prêcher la Réforme dans le Grœnland et la Terre Neuve; en tout cas il paraît avoir tenu beaucoup à savoir la direction à suivre pour se rendre dans ces pays; car il a transcrit dans son registre trois routiers du Grœnland, plus l'annotation suivante : « Des hommes expérimentés ont dit que de la montagne de Krysuvík on navigue au sud-ouest pour aller à la Terre Neuve (3). » Or Krysuvík est situé sur la côte méridionale de l'Islande,

---

(1) *Antiq. amer.* p. 257.

(2) « Fundust Dúneyjar. » (*Antiq. amer.* p. 263; — *Grœnlands hist. Mindesm.* III, p. 12-13).

(3) « Hafa vitrir men sagt at sudhvestr skal sigla til Nýjalands undir Krysuvíkur bergi. » (*Grœnlands hist. Mindesm.* T. III. p. 215).

au sud de Reykjavík et, si de là on se dirige vers le sud-ouest, on arrive droit au cap Race, à la pointe sud-est de l'île de Terre Neuve qu'il faut doubler pour se rendre le plus directement possible à la Nouvelle Ecosse, contrée que les géographes du XVI⁰ siècle comprennent, avec toute la partie orientale de la domination canadienne, dans le nom général de Terres Neuves ; c'est plus tard seulement que cette dénomination a été restreinte à l'île de *Newfoundland* (Terre nouvellement trouvée).

L'identité du vieux nom donné par les Islandais du moyen âge avec le nouveau adopté par les premiers géographes modernes n'est certes pas purement accidentelle. La connaissance de la Terre Neuve qui subsistait certainement en Islande au commencement du XV⁰ siècle, a parfaitement pu se transmettre alors aux Anglais qui fréquentaient les eaux et les ports de cette île depuis les premiers temps de sa colonisation (1). En 1431, Erik de Poméranie, roi de l'Union Scandinave, se plaignait aux envoyés du roi d'Angleterre de ce que, depuis plus de vingt ans, les Anglais se livraient au commerce et même à la piraterie dans les colonies norvégiennes, notamment : l'Islande, le Grœnland, les Færeys, les Shetlands, les Orcades ; le document ajoute : et les autres îles appartenant à la Norvège, ce qui pourrait bien signifier la Terre Neuve et et les Dúneys. Ce reproche n'était pas sans fondement, puisque par un traité conclu l'année suivante, Henri VI s'engagea à indemniser les sujets d'Erik des déprédations commises par les siens depuis vingt ans et à interdire aux Anglais, sous peine de mort, sauf pour le cas de naufrage, toute relation commerciale avec les colonies norvégiennes. La même prohibition fut renouvelée par les traités de 1444 et de 1449 (2). Les Anglais

---

(1) Voy. la *Découverte du nouveau monde par les Irlandais*, dans le *Compte rendu* du 1ᵉʳ Congrès. T. I. p. 72-73 ; p. 32-33 du tirage à part.

(2) *Grœnlands hist. Mindesm.* T. III, p 160-163.

continuèrent pourtant à faire avec l'Islande un commerce interlope (1) jusqu'en 1490, où le roi Jean leur accorda la liberté de naviguer, de commercer et de pêcher en Islande (2). Jusque-là les Anglais s'étaient dissimulés, parce que l'exercice du commerce prohibé était passible de peines très-sévères, aussi bien en Angleterre que dans l'Union Scandinave. Peu après avoir obtenu pour ses sujets la liberté de naviguer dans les colonies norvégiennes, Henri VII autorisa les Cabot à découvrir de nouvelles terres en son nom. En 1496, Sébastien Cabot qui cherchait vers le nord un passage pour aller en Chine, fut fort désappointé de se trouver partout arrêté par le continent (3) ; parmi les contrées qu'il reconnut, était l'île de Terre Neuve, qu'il ne crut pas avoir découverte, puisqu'il se borna à traduire par Terra Nova, dont les Anglais firent Newfoundland, l'ancien nom scandinave de cette île (Nýjaland). Il en avait sans doute entendu parler par les marins anglais qui naviguaient en Islande, où le souvenir des découvertes transatlantiques était encore vivace. Le chancelier Bacon, parlant des voyages de Sébastien Cabot, avoue sans réticence que « l'on conservait le souvenir de quelques terres découvertes auparavant vers le nord-ouest et regardées comme des îles qui se rattachaient pourtant en réalité au continent de l'Amérique septentrionale (4). »

(1) Les preuves abondent ; elles ont été exposées dans un savant mémoire de Finn Magnusen : *Sur le commerce et les navigations des Anglais en Islande au XV<sup>e</sup> siècle*, dans *Nordisk Tidsskrift for Oldkyndighed*. T. II, livr. I, Copenhague, 1833, in 8º. p. 112-169. — Cfr. les observations de Zahrtmann sur les voyages au Nord des Zeni, *Ibid.* p. 25-27.

(2) F. Magnusen, mém. cité. p. 130.

(3) D'après la récit du Gentilhomme mantouan, Voy. *Di Marco Polo e degli altri viaggiatori Veneziani* par Pl. Zurla. Venise, 1818, in-4º. T. II. p. 277-8.

(4) « Quin et memoria extabat aliquarum terrarum ad zephyrobo-

Voilà pour la Terre Neuve. Quant au nom de Dúneys, qui
signifie Ile du duvet, il s'explique fort naturellement par la
présence d'innombrables volatiles qui ont longtemps pullulé
dans les îlots voisins de Terre Neuve et du littoral de la
domination canadienne. « Il y a un si grand nombre d'oiseaux
dans l'île de ce nom (1), dit Jacques Cartier, que c'est chose
incroyable à qui ne le voit ; au point que cette île qui peut avoir
une lieue de circuit, en est si pleine qu'il semble qu'ils y soient
exprès apportés et presque comme semés. Néanmoins il y en a
cent fois plus alentour d'icelle et en l'air que dedans... Ils sont
excessivement gras et étaient appelés par ceux du pays *appo-
nath*, desquels nos barques se chargèrent en moins de demi-
heure, comme l'on aurait pu faire de cailloux, de sorte qu'en
chaque navire nous en fîmes saler quatre ou cinq tonneaux,
sans compter ceux que nous mangions frais » (2). — Ailleurs
il dit des îles des Margaux (3) : « Ces îles étaient plus remplies
d'oiseaux que ne serait un pré d'herbes, lesquels faisaient là
leurs nids ; et en la plus grande partie de ces îles, il y en
avait un monde de ceux que nous appelons margaux, qui sont
blancs et plus grands qu'oisons ; et ils étaient séparés en un
canton, et en l'autre part il y avait des godets ; mais sur le
rivage, il y avait de ces godets et grands apponaths, semblables
à ceux de cette île dont nous avons fait mention. Nous descen-
dîmes au plus bas de la plus petite et tuâmes plus de mille

---

ream antè discopertarum, et pro insulis habitarum, quæ tamen
revera essent pars continentis Americæ septentrionalis. »
(Zurla, ouvr. cité. T. II. p. 279, note).

(1) Aujourd'hui Funk Island, située à l'est de Terre Neuve, par
49° 40' de latit. sept.

(2) 1er Voyage, §. 2, dans *Voyag. anc. et mod.* de Ed. Charton,
T. IV. p. 6.

(3) Bird Rocks des cartes anglaises, situés dans le Golfe St-
Laurent, non loin des Iles de la Madeleine.

godets et apponaths, et nous en mîmes tant que nous voulûmes
en nos barques » (1). — Soixante-dix ans plus tard, Champlain, découvrant les îles des Cormorans et des Loups marins, situées près de la pointe méridionale de la Nouvelle
Ecosse, y trouvait « une telle abondance d'oiseaux de différentes espèces qu'on ne pourrait se l'imaginer, si l'on ne
l'avait vu, comme cormorans, canards de trois sortes, oies,
marmettes, outardes, perroquets de mer, bécassines, vautours, et autres oiseaux de proie ; mauves, allouettes de mer
de deux ou trois espèces, hérons, goillauts, courlieux, pies
de mer, plongeons, huats, appoils, corbeaux, grues et autres
sortes, lesquels y font leurs nids » (2). Les plumes ne devaient
pas plus y manquer que les œufs dont on remplit une barrique dans l'île des Cormorans.

La nouvelle des découvertes d'Adhalbrand et de Thorvald
se répandit en Norvège, où elle fit sensation. D'après le *Flateyjarbók*, en 1289, « Le roi Eirík envoya Rólf en Islande
pour explorer la Terre Neuve » (3). C'est probablement à cette
expédition que se rattache la présence en Islande du *Long
Navire* (Lángskip), dont parlent les *Annales de Skálholt* sous
la même date (4). En 1290, « Rólf parcourut l'Islande et
engagea les habitants à faire le voyage de Terre Neuve » (5).
Il paraît avoir réussi dans son entreprise, puisque à sa mort,
arrivée en 1295, on le surnommait *Landa-Rólf* (Rólf des pays
ou l'explorateur) (6).

---

(1) 1er Voy. §. 2, dans *Voy. anc. et mod.* de Ed. Charton, **T.
IV.** p. 42.

(2) *Voy. du Sr de Champlain.* Liv. II, ch. 1 , édit. de 1830, p. 65.

(3) « Eiríkr konúngr sendi Rólf til Íslands, at leita Nýjalands »
(*Ant. Amer.* p. 263 ; — *Grœnlands hist. Mindesm.* T. III. p. 12-13.)

(4) « Lángskip á Islandi. » (*Ibid. Ibid.*)

(5) « *Fór Rólfr um Ísland, ok hrafdhi menn til Nýja Lands
ferdhar.* » (*Ibid. Ibid.*)

(6) « Andadhist Landa-Rólfr. » (*Ibid. Ib.*)

En explorant la Terre-Neuve, on constata sans doute qu'une partie en était déjà connue, puisque le nom de Markland, tombé en désuétude depuis longtemps, fut remis en honneur ; on dut alors y fonder des comptoirs commerciaux, ainsi que dans un pays voisin, le Hvítramannaland ou Grande-Irlande. On a vu par le témoignage des Annales islandaises que le Grœnland était en relations avec le Markland, en 1347 ; d'après un autre témoignage, complètement indépendant, il en entretenait aussi, un quart de siècle plus tard, avec l'Escociland ou pays des Ecossais transatlantiques que nous supposons être identique avec la Grande-Irlande. Dans une lettre que le navigateur vénitien, Antonio Zeno, adressa, vers l'an 1400, à son frère Carlo, resté dans la ville natale, est reproduit ou analysé le récit d'un pêcheur Frislandais (insulaire des Færeys) (1), qui avait visité plusieurs parties du Nouveau Monde. Comme ce passage est extrêmement important pour notre sujet et que nous avons à en approfondir plusieurs points, il est bon d'en donner le texte accompagné de la traduction :

---

(1) Les raisons qui ont porté beaucoup de géographes à assimiler le Frisland des Zeni avec le groupe des Færeys (*Færœer* des Danois), sont extrêmement nombreuses ; nous en avons produit de nouvelles dans la *Découverte du Nouveau Monde par les Irlandais* (p. 90-92 du T. I. du *Compte rendu* du 1er Congrès des Américanistes ; p. 50-52 du tirage à part). Ajoutons que dans le seconde carte de *Die Entdeckung Amerikas nach den œltesten Quellen, geschichtlich dargestellt* von Fr. Kunstmann (Munich 1859, in-4°, avec Atlas d'anciennes cartes inédites, in-fol.), carte dressée par un anonyme après l'année 1506 (Voy. p. 127 du texte), on voit, au nord de l'Ecosse, de petites îles qui représentent les Orcades ; plus loin vers le nord, un groupe d'îles, les unes sans nom, les autres portant ceux de *Feronsis* (Færeys), *Femme* (Famien dans l'île de Sydherey), *Egor, Grius, Rudus* et *Roscam*. Une légende inscrite sur un ruban et placée au nord de cet archipel porte *Insula de Ureslant* (Ile de Frisland). Les noms, ne ressemblant pas à ceux de la carte des Zeni, doivent être tirés d'une source différente.

Le conquérant du Frisland, « Zichmni, homme d'intelligence et de valeur, avait sérieusement pris à cœur de se rendre maître de la mer. Pour tirer avantage de Messire Antonio, il voulut l'envoyer avec quelques navires vers le couchant; car, de ce côté, avaient été découvertes, par certains de ses pêcheurs, des îles très-riches et très-populeuses, découverte que M. Antonio raconte dans une lettre écrite à M. Carlo, son frère, exactement comme il suit, si ce n'est que quelques mots anciens et le style ont été changés, mais la matière est conservée dans son essence :

» Il y a vingt-six ans partirent quatre embarcations de pêcheurs qui, assaillis par une grande tempête, marchèrent plusieurs jours, comme perdus à travers la mer, jusqu'à ce que finalement, l'air s'étant calmé, ils découvrissent une île appelée Estotilanda, située au couchant, à la distance de plus de mille milles du Frisland. Sur ses côtes se brisa une des embarcations et six hommes qu'elle portait furent pris par les insulaires et conduits à une cité très-belle et très-peuplée,

*Zichmni come huom di spirito e di valore, si haveva al tutto messo in cuore di farsi padron del mare. Onde valendosi di M. Antonio, volle che con alcuni navigli navigasse verso ponente, per esser state discoperte da quel lato da certi suoi pescatori Isole ricchissime e popolatissime; la qual discoperta narra M. Antonio in una sua lettera scritta à M. Carlo suo fratello cosi puntalmente, mutate però alcune voci antiche, e lo stile, e lasciata star nel suo essere la materia.*

*Si partirono ventisei anni fà quattro navigli di pescatori, i quali, assaltati da una gran fortuna molti giorni andarono, come pur perduti per il mare, quando, finalmente raddolcitosi il tempo, scoprirono una isola detta Estotilanda posta in ponente, lontano da Frislanda più di mille miglia, nella quale si ruppe un de' navigli, e sei uomini, che v'erano sù, furono presi da gli isolani, e condotti a una città bellissima e molto popolata, dove il Re, che la signoreggiava, fatti venir molti*

où le roi, qui en était le seigneur, fit venir beaucoup d'inter-
prètes ; mais il ne s'en trouva aucun qui sût la langue de ces
pêcheurs, si ce n'est un Latin qui avait de même été jeté dans
cette île par la tempête. Celui-ci leur ayant demandé de la
part du roi qui ils étaient et d'où ils venaient, nota le tout et
le rapporta au roi, lequel, après en avoir été informé, voulut
qu'ils demeurassent dans le pays. Les pêcheurs se soumirent
à cet ordre parce qu'ils ne pouvaient faire autrement ; ils restèrent cinq ans dans l'île, dont ils apprirent la langue, et l'un
d'eux particulièrement fut dans plusieurs parties de l'île ; il
raconta qu'elle est très-riche et possède en abondance tous
les biens du monde et qu'elle n'est guère moindre que l'Islande, ayant au milieu une montagne très-élevée, d'où sor-
tent quatre rivières qui l'arrosent. Ceux qui l'habitent sont
ingénieux ; ils possèdent les mêmes arts que nous, et on croit
qu'autrefois ils ont été en relations avec les nôtres, puisque
le narrateur dit avoir vu dans la bibliothèque du roi des livres
latins qui ne sont plus compris des habitants. Ils ont une lan-

*interpreti, non ne trovò mai alcuno che sapesse la lingua di
quelli pescatori, se non uno Latino nella stessa isola per fortuna medesimamente capitato, il quale dimandando lor da
parte del Re che erano e di dove venivano, raccolse il tutto,
e lo riseri al Re, il quale intese tutte queste cose, volle che si
fermassero nel paese ; perchè essi facendo il suo comanda-
mento, per non si poter altro fare, stettero cinque anni nell'
isola ed appresero la lingua, et un di loro particularmente fu
in diversi parti dell'isola, e narra che è ricchissima ed
abondantissima di tutti li beni del mondo, e che è poco minore
di Islanda, ma più fertile, avendo nel mezzo un monte altis-
simo dal quale nascono quatro fiumi che la irrigano. Quelli
che l'abitano sono ingeniosi, e hanno tutte le arti come noi ;
e credesi che in altri tempi havessero commercio con i nostri,
perchè dice di aver veduti libri latini nella libreria del Re
che non vengono hora da lor intesi ; hanno lingua, e lettere*

gue et des lettres particulières ; ils extraient toutes sortes de
métaux et ont surtout de l'or en abondance. Leurs relations
commerciales sont avec le Grœnland, d'où ils tirent les pelleteries, le soufre et la poix. Le pêcheur rapporte que vers le
sud il y a un grand pays très-riche en or et populeux. Les insulaires sèment du grain et brassent de la cervoise, sorte de
boisson dont les peuples septentrionaux se servent, comme
nous du vin. Ils ont des bois d'une immense étendue et en
fabriquent des murs. Il y a beaucoup de cités et de châteaux.
Ils font des embarcations et naviguent, mais ils ne possèdent
pas la pierre aimantée et ne connaissent pas le Nord au
moyen de la boussole. C'est pourquoi ces pêcheurs furent
très-appréciés, de sorte que le roi les expédia avec douze
navires vers le Sud dans un pays qu'ils nomment Drogio.
Mais, en route, ils furent assaillis par une si violente tempête
qu'ils se croyaient perdus. Pourtant ils évitèrent une mort
cruelle pour tomber dans une situation encore pire, parce
que à terre ils furent faits prisonniers et la plupart dévorés

*separate, e cavano metall' di ogni sorte, e sopra tutto abon-
dano di oro, e le lor pratiche sono in Engroneland, di dove
traggono pellerecie, e zolfo, e pegola ; ed verso ostro narra,
che v'è un grand paese molto ricco d'oro, e popolato ; semi-
nano grano, e fanno la cervosa, che è una sorte di bevanda
che usano i popoli settentrionali, come noi il vino ; hanno
boschi d'immensa grandezza, e fabricano à muraglia, e ci
sono molte città e castelli ; fanno navigli e navigano, ma non
hanno la calamita ne intendono col bossolo la tramontana.
Per ilche questi pescatori furono in gran pregio, si che il
Re li spedì con dodici navigli verso ostro nel paese che essi
chiamano Drogio ; ma nel viaggio hebbero cosi gran fortuna,
che si tenevano per perduti ; tuttavia fuggiata una morte cru-
dele, diedero di petto in una crudelissima, perciò che presi
nel paese furono la piu parte da quelli feroci popoli mangiati,
cibandosi essi di carne humana che tengono per molto sapo-*

par les féroces habitants, qui mangent de la chair humaine et
la tiennent pour une viande très-savoureuse. Le pêcheur et
ses compagnons sauvèrent leur vie en montrant la manière
de prendre le poisson avec des filets; il pêchait chaque
jour en mer ou dans les eaux douces et prenait assez de
poissons qu'il donnait aux chefs. Par là, il se mit si bien
en faveur que chacun le chérissait, l'aimait et l'honorait beaucoup. Sa réputation se répandit chez les peuples voisins et un
chef des environs éprouva un si grand désir de l'avoir près
de lui et de voir avec quel art admirable il savait prendre le
poisson, qu'il déclara la guerre à celui chez lequel se trouvait
le Frislandais; il finit par avoir le dessus parce qu'il était
plus puissant et belliqueux, et le pêcheur lui fut envoyé avec
ses compagnons. Pendant les treize années de suite qu'il
demeura dans ces contrées, il dit qu'il passa de la même
manière au pouvoir de plus de vingt-cinq maîtres; celui-ci
faisant toujours la guerre à celui-là, et tel à tel autre, rien que
pour avoir le pêcheur, lequel erra ainsi, sans avoir jamais de

*rita vivanda. Ma, mostrando lor quel pescatore co' compagni
il modo di prender il pesce con le reti, scampò la vita; e pe-
scando ogni di in mare, e nelle acque dolci, prendeva assai
pesce, e lo donava à i principali. Onde se ne acquistò perciò
tanta gratia, che era tenuto caro, ed amato, e molto honorato
da ciascuno. Sparsasi la fama di costui ne' convicini popoli,
entrò in tanto disiderio un signor vicino di haverlo appresso
di se, ed veder com' egli usava quella sua mirabil arte di
prender il pesce, que mosse guerra à quell' altro Signore, appresso il quale egli si riparava, e prevalendo infine, per esser piu potente ed armigero, gli fu mandato insieme con gli
altri, ed in tredeci anni che stette continuamente in quelle
parti, dice che fù mandato in quel modo à piu de venticinque
Signori, movendo sempre questo à quel guerra, e quel à quell'
altro, solamente per haverlo appresso di se, e così errando
andò senza haver mai ferma habitatione in un luogo lungo*

demeure fixe dans le même lieu pendant longtemps, de sorte
qu'il connut et parcourut pour ainsi dire toutes ces contrées.
Il dit que ce pays est très-vaste et comme un nouveau monde,
mais que la population est grossière et privée de tout bien ;
tous vont nus ; ils souffrent du froid rigoureux et ne savent
pas se couvrir des peaux d'animaux qu'ils prennent à la
chasse ; ils n'ont aucune sorte de métal, vivent de chasse
et portent des lances de bois aiguisé d'un bout, et des arcs
dont les cordes sont faites de cuir. Ce sont des peuples d'une
grande férocité, qui se combattent mutuellement à mort et
se mangent l'un l'autre. Ils ont des chefs et certaines lois bien
différentes d'un pays à l'autre. Mais plus on va vers le Sud-
Ouest, plus on trouve de civilisation, à cause de la douceur
de la température ; de sorte qu'il y a des cités, des temples
pour les idoles, où l'on sacrifie des victimes humaines que
l'on mange ensuite. Dans cette contrée, on a quelque connaissance et usage de l'or et de l'argent. Le pêcheur, après
avoir passé de si nombreuses années dans ces pays, résolut

*tempo, si che conobbe et praticó quasi tutte quelle parti. E
dice il paese esser grandissimo, e quasi un nuovo mondo, ma
gente rozza e priva di ogni bene, perche vanno nudi tutti, che
patiscano freddi crudeli, ne sanno coprirsi delle pelli degli
animali che prendono in caccia; non hanno metallo di sorte
alcuna, vivono di cacciaggioni, e portano lancia di legno nella
punta aguzze, ed archi, le corde de i quali sono di pelle di
animali; sono popoli di gran ferocità, combattono insieme
mortalmente, e si mangiano l'un l'altro; hanno superiori, e
certe leggi molto differenti tra di loro. Ma piu che si và verso
garbino, vi si trova piu civilità per l'acre temperato che v' è;
di maniera che ci sono città, tempij agli Idoli, ed vi sacrifi-
cano gli huomini e se li mangiano poi, havendo in questa
parte qualche intelligenza ed uso dell'oro e dell'argento. Or,
sendo stato tanti anni questo pescatore in questi paesi, si de-
liberó di ritornar, se poteva, alla patria, ma i suoi compagni*

de regagner, si c'était possible, sa patrie. Mais ses compagnons, désespérant de la revoir, le laissèrent partir en lui souhaitant bon voyage et restèrent où ils étaient. Leur ayant fait ses adieux, il s'enfuit à travers les bois vers Drogio, et fut très-bien accueilli et choyé du chef voisin qui le connaissait et était en grande hostilité avec l'autre. Il retourna ainsi de proche en proche par là même où il avait passé, et, après beaucoup de temps et assez de peine et de fatigues, il regagna finalement Drogio, où il habita trois ans de suite, jusqu'à ce que, par un heureux hasard, il apprit des habitants qu'il était arrivé à la côte quelques navires. De là, ayant conçu l'espoir de réaliser son désir, il se rendit vers la mer et demanda aux navigateurs de quel pays ils étaient. Il apprit avec grand plaisir qu'ils venaient de l'Estotilanda, et les ayant priés de l'emmener, il fut volontiers accueilli, parce qu'il savait la langue du pays, et, comme aucun autre ne l'entendait, ils firent de lui leur interprète. Ensuite il répéta avec eux ce voyage, de sorte qu'il devint très-riche. Ayant lui-

*disperatosi di poterla piu rivedere, lo lasciarono partir à buon viaggio, ed essi si rimasero là. Ond'egli, detto à lor à Dio, fuggì via per i boschi verso Drogio, e fu benissimo veduto ed accarezzato dal Signor vicino, che lo conosceva, e teneva grande nimistà con l'altro; e così andando di una in un'altra mano di quelli medesimi per liquali era passato, doppo molto tempo ed assai travagli e fatiche, pervenne finalmente in Drogio, nel quale habitò tre anni continui, quando per sua buona ventura intese da paesani, che erano giunti alla marina alcuni navigli, ond'egli entrato in buona speranza di far bene i fatti suoi, venne al mare, e dimandato di che paese erano, intese con suo gran piacere che erano di Estotilanda; perche, havendo egli pregato di essere levato, fu volentieri ricevuto per haver la lingua del paese, ne essendo altri che la sapesse, lo usarono per lor interprete. Là onde egli frequentò poi con lor quel viaggio, si che divenne molto ricco, e*

même construit et armé un navire, il revint en Frisland, apportant au seigneur de l'île la nouvelle de la découverte de ce pays très-riche. Et le tout est confirmé par les marins et par beaucoup de choses nouvelles qui attestent la véracité de tout ce qu'il a rapporté. »

Antonio Zeno ajoute qu'il alla avec le roi Zichmni (1) à la

*fatto ed armato un naviglio 'del suo, se ne è ritornato in Frislanda, portando à questo Signor la nuova dello scoprimento di quel paese ricchissimo, ed à tutto se gli da fede per i marinai, e molte cose nuove che approvano essere vero, quanto egli ha rapportato.* » (The voyages of the venetian brothers Nicolô and Antonio Zeno, to the northern seas, in the XIV[th] century... translated and edited with notes and an introduction by *Richard Henry Major. — London, printed for the Hakluyt Society. 1875. in-8° avec 4 cartes, p. 18-25.)*

(1) Ce nom barbare a embarrassé beaucoup de commentateurs. Pour en faciliter la prononciation, Joh. Is. Pontanus change le *m* en *in* et orthographie *Zichinni* (*Rerum danicarum historia*, Amsterdam, 1631, in-fol., p. 756-762). En outre il cite (p. 763) Corn. Wytfliet qui écrit *Zichini*. — Marco Barbaro, parent des Zeni, qui termina en 1536 un recueil de généalogies intitulé *Discendenze patrizie*, et qui connut les lettres d'Antonio Zeno vingt-deux ans avant leur publication (Voy. *Di Marco Polo e degli altri viaggiatori veneziani... del* P. A. D. Pl. Zurla. T. II. Venise, 1818, in-4°, p. 9, note), lisait *Zichno*, qui est une transcription assez fidèle du vieux norrain *Thegn* (propriétaire libre) ; or ce mot correspond au surnom de *bondi* (propriétaire), qu'une tradition færeyenne sur la *Bataille de Mannafelsdal* (recueillie par V. U. Hammershaimb et publiée par la Société des Antiquaires du Nord, dans son *Antikvarisk Tidsskrift*, 1849-1851. Copenhague, in 8°, p. 170-172), donne au chef frison d'Akraberg, conquérant du Frisland et protecteur des Zeni. — Le ⊕ des Grecs, qui correspond à peu près au *th*

recherche de l'Estotilanda, mais quoiqu'ils eussent pour guides des mariniers qui en étaient venus avec le pêcheur (1) mort trois jours avant leur départ, une tempête les désorienta, et il leur fut impossible de retrouver l'Estotilanda.

Cet aveu d'insuccès est un indice de la bonne foi d'Antonio, qui ne se pose aucunement en grand explorateur et qui n'aurait certes pas inventé une fable pour la plus grande gloire d'un obscur pêcheur déjà mort. Sa véracité ne peut être douteuse en ce point. On a contesté celle du pêcheur ; mais d'abord, il faut remarquer qu'il n'aurait pas consenti à servir de guide à l'expédition projetée, s'il n'avait pas été sûr de l'existence et de la situation des pays dont il parlait. De plus, après sa mort, ses compagnons de voyage, qui disaient être venus avec lui de l'Estotilanda, n'auraient pas voulu le remplacer ni endosser la responsabilité de mensonges débités par un imposteur qui n'était plus. Puisqu'ils acceptèrent la mission de guider les explorateurs, c'est qu'ils connaissaient évidemment le chemin de l'Estotilanda. Quant aux insulaires des Færeys, ils avaient, comme tous les sujets du roi de Norvège, pu entendre parler des découvertes de Bjarné Herjúlfsson, de Lèif l'heureux, des frères Adhalbrand et Thorvald, de Landa-Rólf et des récents voyages des Grœnlandais dans le Markland. Ils n'avaient donc pas de motif de contester l'existence de terres neuves situées à l'ouest de leur archipel. Le récit du pêcheur frislandais n'a rien d'improbable, et l'on ne serait autorisé à le traiter de fable que s'il était absolument impossible de l'expliquer raisonnablement. Mais ce n'est aucunement le cas ; car à part quelques obscurités qui restaient

---

des Scandinaves, devient *z* en passant en italien ; par exemple : Θεῖος oncle, ital. *zio* ; Θήκη bourse, ital. *zecca* atelier monétaire, d'où *zecchino* sequin.

(1) « Prendendo per guide in cambio del morto pescatore alcuni che erano tornati da quella isola con lui. » (Relat. des Zeni, édit. Major. p. 25).

encore et dont nous pensons pouvoir aujourd'hui éclaircir les
plus considérables, toute la relation concorde parfaitement
avec ce que nous savons de la situation de l'Amérique septentrionale au XIVᵉ siècle.

Nous avons déjà proposé de lire *Escocilanda*, au lieu de
*Estotilanda*, correction qui n'a rien d'exorbitant pour qui-
conque a étudié les manuscrits du XVᵉ siècle, où le *t* et le *c*
sont très-souvent confondus. Il faut se rappeler que la lettre
d'Antonio Zeno n'a pas été imprimée sous ses yeux, mais
publiée 150 ans plus tard par un de ses descendants qui a bien
pu n'en pas reproduire exactement le texte. Si l'on admet
notre leçon, comme les Irlandais et les Ecossais étaient souvent confondus au moyen âge, le nom d'Escociland nous
reporte immédiatement à la Grande Irlande dont parlent les
sagas scandinaves. La situation de ce pays, que les textes
nous forcent à chercher près du Markland, c'est-à-dire au
nord du Vinland et au sud du Helluland, et non pas dans la
Floride, a déjà été rectifiée dans notre précédent mémoire (1).
Le Markland étant dans 'le bassin du golfe Saint-Laurent,
c'est dans les mêmes parages qu'il faut placer l'Escociland.
Cette contrée était une île un peu moins grande que l'Islande;
l'île de Terre Neuve aurait à peu près ces dimensions; mais
une île où Bjarnó ne vit *rien de bon* (ogagnvænligt), que Leif
jugeait être *sans valeur* (gœdalaust), et dont Jacques Cartier
disait: un champ des îles de la Madeleine « vaut plus que
toute la terre Neuve » (2), ne peut être assimilée avec l'Escociland « très-riche et possédant en abondance tous les biens
du monde ». Le Labrador étant encore moins favorisé de la
nature, au point que J. Cartier le comparait au pays que Dieu
donna à Caïn (3), ne peut non plus être pris en considération.

_______

(1) *Compte rendu du* 1ᵉʳ *Congrès des Améric.* 1875. T. I, p. 84-
85; p. 44-45 du tirage à part.

(2) 1ᵉʳ Voyage, § 12, dans *Voy. anc. et mod.* de Charton, IV,
p. 13.

(3) Ibid § 8, dans *Voy.* de Charton, IV, p. 9.

Ayant successivement éliminé les pays situés au nord, à l'est et au sud du golfe Saint-Laurent, c'est sur son littoral occidental qu'il nous faut nécessairement chercher l'Escociland ; nous n'avons pas d'autre alternative. On objectera que le Nouveau Brunswick avec les terres adjacentes n'est pas une île ; c'est vrai, mais les anciens confondaient souvent, et même à bon escient, les îles et les presqu'îles ; les exemples en sont très-nombreux ; il n'est donc pas étrange que le nom d'île ait été donné à une péninsule bornée au nord par la large embouchure ou estuaire du fleuve Saint-Laurent ; à l'est par le golfe du même nom ; au sud par la baie de Fundy, et à l'ouest par les rivières Kennebek et Chaudière, dont les sources sont si rapprochées l'une de l'autre qu'un des affluents de la rivière Chaudière est appelé Kennebek. Champlain (1) fait observer que du Kennebek on peut aller à Québec presque toujours par eau, sauf un petit trajet de deux lieues par terre. Cette lacune si courte sur un parcours de cinquante myriamètres n'a jamais arrêté les mariniers du pays qui sont habitués de longue main à traîner ou à porter leurs embarcations à travers les isthmes ou portages. Un étranger entendant dire que l'on pouvait aller en barque du golfe du Maine à l'estuaire du Saint-Laurent, a pu croire que ces deux golfes étaient unis par un bras de mer et que l'Escociland était une véritable île séparée du continent par un détroit. Il était facile de s'y tromper ; aussi Gastaldi, dans la première carte accompagnant la relation du grand marin français de Dieppe (2) a-t-il mis le Saint-Laurent en communication avec la mer qui baigne la côte méridionale de la Norombègue. Plus tard, un cartographe, qui avait pourtant de meilleurs moyens d'information que l'humble marin frislandais ou que

----

(1) *Voy.* du S<sup>r</sup> de Champlain. L. 1, ch. 4· Paris, 1830, in-8º, T. I, p. 92.

(2) Ramusio, *Terzo volume delle navigationi et viaggi.* Venise, 1556. in-fol. f. 424-5.

le vieux géographe, a encore commis la même erreur. Dans
la carte de la partie orientale de la Nouvelle France, annexée
au tome I de *l'Histoire du Canada* par Charlevoix et dressée
en 1744, par N. Belin, « d'après divers manuscrits du dépôt
des cartes, plans et journaux de la marine et mémoires com-
muniqués par les missionnaires jésuites », cet ingénieur met
le Kinibéqui en communication avec la rivière de la Chaudière
et fait une véritable île du pays qu'il appelle la Nouvelle Ecosse
et qui répond exactement à notre définition de l'Escociland.

L'Estotilanda des Zeni nous paraît donc comprendre la
partie orientale du Maine, tout le Nouveau Brunswick et la
partie du Bas Canada qui s'étend au sud du fleuve, depuis la
rivière Chaudière jusqu'à la baie des Chaleurs, région assez
bien caractérisée par « ses forêts d'une immense étendue » (1).
Quant au mont élevé situé au milieu du pays et où quatre
rivières prennent leur source, ce doit être le mont Catahdin
dans l'Etat du Maine, haut de 5,385 pieds anglais (1641 m.)
et qui domine la chaîne de montagnes d'où coulent le Kennebek, le Penobscot et les rivières Saint-Jean et Sainte-
Croix. A la vérité, le pays baigné par ces quatre rivières est
sensiblement plus grand que l'Islande; mais il ne faut pas
attendre une parfaite précision d'un simple pêcheur n'ayant
aucune de nos ressources pour évaluer l'étendue du pays
visité par lui. Si l'on veut absolument avoir une péninsule un
peu moindre que l'Islande, il faut limiter l'Escociland à l'ouest
par le Penobscot ou mieux encore par la rivière Saint Jean
dont les sources ne sont pas moins rapprochées de la rivière
Chaudière que ne le sont celles du Kennebek. Dans cette hypo-
thèse, les quatre rivières seraient le Restigouché, le Nipisi-
guit et les deux plus grandes branches du Miramichi, qui
toutes prennent leur source dans la même chaîne de montagnes.

––––––––––––

(1) « Hanno boschi d'immensa grandezza. » (Relat. de Zeni, édit.
Major, p. 21.)

Si l'on admet que les Escocilandais, comme l'indique leur nom, étaient issus des Ecossais, on conçoit qu'ils aient semé des céréales, brassé de la bière, élevé des villes et des châteaux, construit des navires, en un mot connu tous les arts européens, tout en ignorant l'usage de la boussole. On n'a pas retrouvé ou plutôt l'on n'a jamais cherché les ruines de leurs édifices, parce que la péninsule au sud du Saint-Laurent n'a pas encore été étudiée au point de vue archéologique. La plupart de ces constructions devaient d'ailleurs être en bois, comme l'affirme le pêcheur frislandais, et l'incendie ou les ravages du temps les ont détruites, comme l'enceinte non moins importante, et beaucoup plus récente, de Hochelaga (Montréal), décrite par J. Cartier et dont Ramusio nous a conservé le plan et la vue. Mais eussent-elles été en pierre, qu'elles ont dû disparaître sous la puissante végétation qui, dans ce pays, recouvre si rapidement les places incultes. On en a un exemple authentique : en 1604, Des Monts avait élevé dans l'îlot de Sainte-Croix, à l'embouchure de la rivière de ce nom, un fort qui fut abandonné l'année suivante et ce qui en restait fut ruiné en 1613, lors de la honteuse expédition de l'anglais Argall. Cent soixante-dix ans plus tard, « lorsqu'en 1783, un traité déclara que la rivière de Sainte-Croix fixerait la limite entre les Etats du Maine et du Nouveau Brunswick, on hésitait à savoir quel était le vrai cours d'eau de Sainte-Croix, mais en 1798 le doute fut résolu par la découverte de l'île de Des Monts, sur laquelle des recherches firent retrouver, cachés sous les amas de sable et de broussailles, les fondations du fort depuis si longtemps écroulé. La solitude reprend vite ses droits, et le silence régnait depuis de longues années sur ce point qu'avaient animé un jour la vie et les passions (1). » Dans le Grœnland où la végétation est incompara-

_____

(1) Fr. Parkman, *Les pionniers français dans l'Amérique du Nord*, trad. de M^me la comtesse Gédéon de Clermont-Tonnerre. Paris, 1870, in-12, p. 182. Il cite Holmes, *American Annals*. I. 122, note 1.

blement moins envahissante qu'au Canada, il a fallu des recherches persévérantes, poursuivies pendant plus de un siècle et demi, pour retrouver la plupart des vestiges des anciens établissements islandais, et c'est seulement plusieurs siècles après l'arrivée des Européens dans l'Amérique centrale, que le monde savant apprit l'existence des imposantes ruines de Palenqué. Ces exemples nous laissent l'espoir que les restes des anciens édifices de l'Escociland ne seront pas toujours ensevelis sous les détritus, les ronces et les couches de poussière.

La présence de livres latins dans la bibliothèque du roi est toute naturelle, puisqu'il y avait eu des missionnaires chrétiens dans le pays ; les habitants ne comprenaient plus ces livres, parce qu'ils étaient séparés de la mère patrie depuis des siècles et qu'ils n'avaient plus de prêtres formés dans les séminaires et les Universités d'Europe. Il en fut de même pour les chrétientés du Grœnland, depuis 1418, c'est-à-dire plusieurs générations avant leur anéantissement. La langue des Escocilandais étant l'ancien irlandais, ils avaient des lettres quelque peu différentes des caractères latins ; le pêcheur frislandais eut besoin d'un interprète pour se faire comprendre d'eux ; c'est la meilleure preuve que les habitants n'étaient pas d'origine scandinave, comme on l'a supposé; autrement un insulaire des Færeys aurait pu sans peine converser avec eux : l'ancien idiome norrain n'était pas encore totalement corrompu en Norvège, en Islande, au Grœnland, dans les Orcades, les Shetlands, les Færeys, et restait la langue commune de toutes les possessions du roi de Norvège.

Le contraste que les Escocilandais offraient avec les peuples situés au sud de leur pays, suffirait seul à indiquer l'origine européenne des premiers; les uns cultivaient les céréales, les autres étaient anthropophages et vivaient de chasse, n'ayant pourtant pas l'industrie de se couvrir des peaux d'animaux tués par eux; ils ne savaient ni pêcher avec des filets, ni travailler les métaux; ils se bornaient à aiguiser le bout de leurs lances de bois. Les Escocilandais au contraire s'entendaient à extraire des métaux de toute sorte et ils avaient de l'or en abondance. Le grand pays situé au sud, qui était populeux et riche en or, paraît avoir été le Markland ou Nouvelle Ecosse, où l'on a en effet découvert de riches mines (1). Les métaux ne manquent pas non plus dans les pays autrefois compris sous le nom d'Escociland. Pour la partie canadienne, en effet, il y a d'abondants filons d'or dans les districts de Beauce et de Saint-François, aux sources de la rivière Chaudière. On trouve de l'argent natif dans le dernier district; du cuivre en immense quantité dans les cantons de l'est; du fer presque partout; enfin du plomb dans la Gaspésie (2). Pour le Nouveau Brunswick, on y connaît, depuis le temps de Champlain, plusieurs mines de fer sur le littoral de la Baie Française ou de Fundy (3).

Quant aux relations commerciales de l'Escociland, il en a déjà été question; mais il faut encore passer en revue les articles qui en faisaient l'objet : les pelleteries, le soufre et la *peyola*. S'il y a lieu d'être surpris de ce que les habitants d'un pays, plus tard si renommé pour le commerce des fourrures, aient eu besoin d'en faire venir du Grœnland, il faut pourtant remarquer que l'ours blanc ne fréquente point leurs parages et que certains amphibies sont beaucoup moins abondants dans le Golfe du St-Laurent que dans le détroit de Davis. En outre, bien que les Grœnlandais n'eussent ni solfatare, ni soufre

---

(1) Voy. *A practical Guide for Tourists, Miners and Investors and all Persons interested in the Developpement of the Gold Fields of Nova Scotia,* by A. Heatherington  Montréal, 1868, in-12.

(2) Voy. *Esquisses sur le Canada* par J. C. Taché, Paris 1865, in-18, p. 61 ; — *La Province de Québec* par L. Archambeault. Québec, 1870, in-12. p. 63.

(3) *Voy. du Sr de Champlain.* L. II. ch. 3 ; T. I de l'édit. de Paris, 1830. p. 74-75.

natif, ils pouvaient extraire ce corps inflammable des pyrites qui se trouvent en plusieurs endroits de leur pays (1). Il ne faut pas non plus oublier que le monastère de St-Thomas, bien que situé fort loin au nord des établissements scandinaves, sur une côte inexplorée depuis bien des siècles, faisait partie du Grœnland et que ses eaux descendant d'une montagne volcanique étaient sulfureuses (2). — Reste la *pegola*; ce mot peut signifier tout à la fois : poix, résine, goudron ou bitume. Dans le premier sens, il désignerait la résine fossile, sorte d'ambre très-brillant et combustible, que l'on trouve en grande quantité dans les gisements de charbon de terre à Atanakerdluk, sur la rive septentrionale du détroit de Waigat, qui sépare l'île de Disko de la péninsule de Noursoak, et dans l'île inhabitée de Harœ, au nord de celle de Disko (3). Dans le second sens il désignerait le goudron de phoque (sæltjœra), que les Grœnlandais avaient coutume de fabriquer dans le Nordrseta, « parce que la chasse au phoque y était plus productive que dans les pays habités. La graisse de phoque fondue était versée dans des barques de peau et celles-ci suspendues dans des hangars extérieurs et exposées au vent, jusqu'à ce qu'elle se coagulât (4). » Ce goudron servait à enduire les navires et passait pour les préserver des atteintes du ver de mer ou taret (5). Enfin dans le troisième sens, *pegola* se rapporterait soit au bitume fabriqué avec les

---

(1) H. Rink, *Grœnland*, T. III. p. 204, 208, 215, 218 ; III. 150, 152.

(2) « L'acqua poi nel monistero per esser di zolfo...» (Relat. des Zeni, édit. Major, p. 17.)

(3) H. Rink, *Grœnland*, T. I. p. 172, 177 ; II. p. 147, 209.

(4) Extrait du *Hauksbók*, fait par Bjœrn Jónsson de Skardsâ et publié dans *Antiq. Americ.* p. 275 et dans *Grœnlands hist. Mindesm.* III. p. 242-3.

(5) *Saga de Thorfinn Karlsefné*, dans *Ant. Amer.* p. 263 et *Grœnlands hist. Mindesm.* T. I. p. 438-9.

pierres incandescentes vomies par le volcan de St-Thomas
(1), soit à *una certa materia come pegola* (2), qui se formait
dans une fontaine d'une île voisine du cap de Trin, situé au
sud du Grœnland. Cette île doit être celle d'Ounartok, située
non loin de Lichtenau, par 60° 30' de lat. sept., et qui, seule
dans le Grœnland méridional, renferme deux bassins d'eau
chaude, à la température de 32° et 33°, dont l'un produit
une plante visqueuse, qui s'étend en couche épaisse sur le
tout (3).

Ainsi, dans tout le récit du pêcheur frislandais, il n'y a rien
qui ne puisse s'expliquer très-naturellement si l'on se place à
notre point de vue. On nous permettra donc, jusqu'à preuve
du contraire, de le considérer comme l'expression de la vérité.
Une des plus sérieuses objections qu'on puisse lui adresser,
c'est la disparition de la civilisation européenne et du christianisme dans l'Escociland, entre le voyage du pêcheur et les
plus anciennes explorations françaises; nous ne parlons pas
des navigations plus ou moins connues de Verrazzano, des
Cortereals, des Cabots, qui ont seulement vu les côtes de
l'Amérique septentrionale, et qui, en tout cas, n'ont pas décrit
amplement les mœurs des habitants. J. Cartier lui-même n'a
pas connu l'intérieur de la péninsule au sud du Saint-Laurent.
Les tentatives de colonisation en Acadie du baron de Léry, en
1518, et du marquis de la Roche, en 1598, ou plutôt en 1578,

---

(1) « Nelle fabriche del monistero non si servono di altra materia
che di quella stessa, che porta lor il fuoco, perche tolgono le pietre
ardenti, che à similitudine di faville escono della bocca dell' arsura
del monte, allhora che sono piu infiamate, et battano lor sopra
dell' acqua per la quale si aprono, et fanno bitume ò calcina bian-
chissima e molto tenace, che posta in conserva non si guasta mai ».
(Rel. des Zeni, édit. Major, p. 13-14.)

(2) Relat. des Zeni, édit. Major. p. 31.

(3) Bredsdorff, dans *Grœnlands hist. Mindesm.* T. III. p. 597; —
H. Rink, *Grœnland.* III. p. 352.

sont à peine connues. Il faut attendre jusqu'aux explorations de Des Monts et de Champlain, en 1604 et 1605, de Poutrincourt et de Lescarbot, en 1606, et surtout jusqu'aux missions des Jésuites, à partir de 1611, et des Récollets, à partir de 1615, pour avoir des notions quelque peu exactes des côtes de l'Acadie. Il fallut ensuite plus d'un demi-siècle pour la parcourir en tout sens, y établir des missions en beaucoup de points et se mettre en relation avec tous les indigènes. On peut se résumer en disant que le XVII<sup>e</sup> siècle presque tout entier fut employé à explorer la péninsule au sud du Saint-Laurent et son appendice la Nouvelle-Écosse. Or, si l'on étudie la masse de renseignements réunis pendant un siècle et demi, et d'observations plus ou moins suivies, plus ou moins profondes, on y rencontrera nombre de vestiges du Christianisme prêché autrefois dans l'Escociland et le Markland. Nous avons consacré un mémoire spécial à l'examen de cette question (1); il nous suffira donc d'exposer dans un bref résumé les faits les plus caractéristiques.

En 1534, des indigènes de la Gaspésie, voyant J. Cartier planter une croix sur le littoral de leur pays, mirent deux doigts en croix, puis montrèrent toute la contrée environnante, comme pour indiquer qu'il y en avait de pareilles dans tout leur territoire. En 1607, Champlain en trouva une, en effet, dans la Baie Française ou de Fundy, sur la côte septentrionale de l'ancien Markland. Elle était fort vieille, toute couverte de mousse et presque toute pourrie, d'où le célèbre navigateur concluait fort justement qu'autrefois il y avait eu des Chrétiens en ce pays. Les indigènes du voisinage observaient certaines pratiques chrétiennes avant même d'être

---

(1) *Les derniers vestiges du Christianisme prêché du 10<sup>e</sup> au 14<sup>e</sup> siècle dans le Markland et la grande Irlande :* les Porte-Croix de la Gaspésie et de l'Acadie (Domination canadienne), extrait des *Annales de philosophie chrétienne.* Avril 1877. p. 284-310; aussi tiré à part. Paris 1877. 27 p. in-8°.

baptisés ; par exemple, Chkoudun, sagamos ou sachem de la rivière Saint-Jean, ne mangeait pas un morceau sans lever les yeux au ciel et faire le signe de la croix ; il avait des croix dans toutes ses cabanes et il en portait une devant sa poitrine. Les insulaires de Cap Breton faisaient aussi très-volontiers le signe de la croix, et se la peignaient spontanément sur le visage, sur l'estomac, sur les bras et sur les jambes. Aussi Lescarbot pensait-il que ces peuples « sont venus de quelque race de gens qui avaient été instruits en la loi de Dieu (2). » Les Acadiens, nom par lequel on désignait les habitants de la Nouvelle Écosse, du Nouveau Brunswick, de la Gaspésie, des îles voisines et même du Maine oriental, avaient quelques notions du déluge et des choses de l'ancienne loi; ils connaissaient la Trinité, dont un des personnages s'appelait Messou, réparateur comme le Messie, et sa mère qui, au jugement du P. G. Sagard Théodat, « semble représenter en quelque chose la mère de Notre-Seigneur Jésus-Christ. » Ils n'avaient pas oublié le nom de Jésus ; mais, devenus idolâtres, ils l'appliquaient au soleil, soit sous cette forme même, soit sous les formes légèrement corrompues de *Kesus, Kizous, Gischi*. Au temps de Jean Alphonse (1541), leur langue renfermait encore beaucoup de mots latins, et l'*Alleluya* retentissait encore dans un de leurs chants au milieu du XVIIe siècle. Enfin les Souriquois de l'Acadie avaient adopté un grand principe, qui était le premier et peut-être l'unique article de leurs lois : c'était de faire à autrui ce qu'ils souhaitaient qu'on leur fît à eux-mêmes. Ils n'avaient donc pas seulement conservé quelques pratiques du Christianisme et quelques réminiscences de ses dogmes, mais ils se souvenaient encore du sublime précepte qui fait le fondement de la morale chrétienne.

Aussi tous les esprits perspicaces, tous les hommes bien informés : Champlain, Lescarbot, Nicolas Denys, Mgr de

---

(2) *Hist. de la Nouv. France.* L. I. Ch. 3. Paris, 1618, in-8º, p. 23.

Saint-Vallier, le P. Le Clercq, et le P. G. Sagard Théodat lui-même, malgré la forme dubitative qu'il emploie, frappés des nombreux indices énumérés plus haut, en ont-ils tiré la conclusion que le Christianisme avait déjà été prêché dans le pays avant l'arrivée des Français; mais ils ne pouvaient se rendre compte ni de la manière ni du temps où cette évangélisation avait eu lieu. Toute la nouveauté de notre thèse consiste à répondre point pour point aux questions que ces observateurs judicieux s'étaient posées sans pouvoir les résoudre.

C'est en vain que l'on prétendrait attribuer une origine toute moderne à ces vestiges signalés en Acadie à partir du XVIᵉ siècle. Le culte de la croix, les pratiques, les dogmes et les noms chrétiens, les mots latins, n'ont pu être adoptés par les sauvages en imitation de ce que faisaient, croyaient et disaient les navigateurs et missionnaires français, puisque leur présence dans le pays y a été constatée au fur et à mesure que l'on y faisait des découvertes. Vers 1680, un vieillard de la tribu des Porte-Croix de la Gaspésie, dont les souvenirs remontaient à plus de cent-vingt ans, affirmait à M. de Fronsac et au P. Le Clercq qu'il avait vu le premier européen qui avait abordé dans ces parages; qu'avant son arrivée, les indigènes avaient déjà le culte de la croix; que cet usage n'avait pas été apporté par des étrangers, et que ce qu'il en savait, il l'avait appris par la tradition de ses pères, lesquels avaient vécu pour le moins aussi longtemps que lui. Ce culte était encore tellement répandu chez les Gaspésiens, dans la seconde moitié du XVIIᵉ siècle, avant leur nouvelle conversion au Christianisme, qu'il n'y a pas moyen de l'expliquer autrement que par l'évangélisation du pays dans les temps précolombiens.

Mais alors on peut se demander s'il est permis de supposer qu'un peuple, une fois éclairé des lumières du Christianisme, soit si profondément tombé, non pas seulement dans le schisme ou l'hérésie, mais encore dans les ténèbres et les grossières superstitions du fétichisme. Sans aucun doute, il y en a des exemples irréfragables. L'humanité, à cet égard, ne diffère guère des champs les mieux défrichés ou des plus solides chemins ferrés : dès que l'on cesse de cultiver les uns ou d'entretenir les autres, les broussailles s'en emparent et les traces de la civilisation disparaissent sous les accrues de la nature sauvage. Personne aujourd'hui n'ose contester l'existence de la colonie islandaise du Grœnland, qui dura environ cinq siècles. Les descendants des anciens chrétiens se firent entendre pour la dernière fois à l'Europe, dans une lettre de sollicitation adressée au Souverain-Pontife, à l'effet d'en obtenir un évêque et des prêtres pour rétablir le service divin dans les églises qui avaient été ravagées trente ans auparavant par les Esquimaux, alors payens. On ne possède plus cette lettre, mais son contenu est rapporté dans une bulle du Pape Nicolas V, en date du 20 septembre 1448 et relative aux mesures à prendre pour subvenir aux besoins spirituels des Grœnlandais (1). Mais aucun des évêques nommés postérieurement au siége de Gards ne paraît avoir résidé dans ce diocèse (2). Les relations commerciales entre cette colonie et la Norvège, sa mère patrie, continuèrent pourtant encore quelque temps. Vers l'an 1448, il y avait à Bergen quarante marins expérimentés, qui faisaient chaque année le voyage du Grœnland et en rapportaient des articles précieux ; mais ils furent massacrés par les Hanséates, et depuis, on ne put retrouver la véritable situation de l'ancienne colonie avant la mission de Hans Egede, en 1721. Or, il n'y avait alors plus aucune trace de Christianisme dans le pays et si

---

(1) *Grœnlands hist. Mindesm.* III. p. 168-175.

(2) Le dernier évêque qui ait résidé à Gards, paraît avoir été Jean, dont la mort arrivée en 1378 ne fut connue en Norvège que six ans après. Aucun de ses neuf successeurs connus n'ayant fonctionné dans le diocèse, on peut les regarder tous comme des évêques in *partibus*.

des descendants des anciens colons islandais existaient encore, ils avaient totalement perdu leur nationalité, trois cents ans après que leurs ancêtres eurent donné signe de vie pour la dernière fois. De même d'après le *Landnámabók* (1), cette histoire si véridique de la colonisation de l'Islande : « Des hommes bien informés rapportent que quelques-uns des colons étaient baptisés lorsqu'ils s'établirent en Islande. La plupart d'entre eux venaient des pays *situés à l'ouest de la mer* (2). On nomme entre autres Helgé Magré, Œrlyg l'ancien, Helgé Bjóla, Jœrund le chrétien, Aude Djúpaudhga, Ketill Fíflské et plusieurs autres ; quelques-uns professèrent le Christianisme jusqu'à leur mort ; mais l'ignorance gagna leurs familles, de sorte que les fils de plusieurs d'entre eux élevèrent des temples et y sacrifièrent aux faux dieux ; l'île fut entièrement payenne pendant près de cent hivers, » c'est-à-dire pendant tout le X<sup>e</sup> siècle.

Ainsi, en Islande, il a suffi de quelques générations pour que les descendants des Chrétiens, venus des Iles Britanniques, se confondissent avec les payens dont ils étaient entou-

---

(1) Part. V. ch. 15, dans *Íslendinga sœgur*. Copenhague, 1843, in-8° T. I. p. 321-2.

(2) Par rapport à la Norvège bien entendu ; les écrivains en langue norraine, alors même qu'ils étaient islandais, se plaçaient au point de vue de la Norvège leur mère patrie. C'est ainsi que, par imitation des Romains, nos anciens initiateurs à la civilisation, nous continuons à appeler le pays de nos ancêtres Gaule Transalpine, et que, au commencement de ce siècle, nos armées imposèrent les noms de Républiques cisalpine et cispadane à des Etats pourtant situés au-delà, et non en deçà, des Alpes et du Pô, par rapport à la France. — Cette digression a pour but de montrer qu'il ne faut prendre à la lettre les mots : *venus de l'ouest*, ni supposer, comme l'ont fait Wormskjold et Vilhelmi, que les Irlandais, premiers colons de l'Islande, étaient originaires des pays situés à l'ouest de cette île, par conséquent de la Grande Irlande américaine.

rés. Il n'a sans doute pas fallu plus de temps pour que les Esquimaux absorbassent les Scandinaves du Grœnland séparés de leur mère patrie ; l'intervalle de un siècle et demi au moins, entre les voyages du pêcheur frislandais dans l'Escociland et les premiers renseignements modernes sur la même contrée, intervalle que l'on peut porter au double, si l'on y veut comprendre toute la période nécessaire pour recueillir des renseignements précis et détaillés sur les mœurs et les croyances des indigènes de l'Acadie, — explique pourquoi l'on a retrouvé chez eux si peu de traces de la civilisation européenne maintenue dans le Markland et l'Escociland au moins jusqu'à la fin du XIV⁰ siècle. Ces vestiges n'étaient pourtant pas totalement effacés au bout de deux siècles. Nous venons de signaler un certain nombre de réminiscences chrétiennes, connues depuis longtemps, mais qui n'avaient jamais été coordonnées avec les faits antérieurs, et qui empruntent à. ceux-ci ou jettent sur eux des lumières auxquelles on ne s'attendait peut-être pas. On ne sera sans doute pas moins surpris d'apprendre que la colonie norvégienne du Markland conserva jusqu'au XVI⁰ siècle certains indices de ses anciens rapports avec la mère patrie, et mieux : son nom national, encore reconnaissable sous la transcription peu exacte des voyageurs, cosmographes et cartographes d'alors.

Le grand capitaine de marine, français, de la ville de Dieppe, que l'on croit être J. Parmentier et qui a écrit, en 1539, la plus ancienne description connue de la Française ou Franciscane, découverte quinze ans auparavant par J. Verrazzano, dit que « cette terre est appelée Norumbega par ses habitants (1). » D'après la carte, fort inexacte d'ailleurs, dressée par Gastaldi pour accompagner le discours de ce navigateur, on voit que la Terra di Norumbega s'étend de

_______

(1) « La terra e detta da paesani suoi Norumbega. » (Ramusio, *Terzo volume delle navigationi et viaggi.* Venise, 1556, in-fol. fol. 423.)

l'est à l'ouest, depuis Cap Breton jusqu'à un bras de mer qui baigne aussi la Nouvelle France ou Bas Canada, et doit être le Kennebek, uni avec la rivière Chaudière, qui se jette en effet dans le Saint-Laurent en amont de Québec. Selon ces auteurs, la Norumbega est une île au sud du Saint-Laurent. Le cartographe y place divers noms de lieux qui sont, en allant de l'est à l'ouest : Cap des Bretons (aujourd'hui Cap Canseau), qu'il distingue de Cap Breton et de Isola de Brettoni; Port du Refuge, Port-Réal et le Paradis, sur la côte et vis-à-vis d'une assez grande île appelée Briso; puis Flora, à peu près au milieu de la côte de Norumbega, enfin Angoulesme, dans une péninsule, près de la frontière orientale de Norumbega.

Cette île correspond donc à la péninsule au sud du Saint-Laurent, non compris la Gaspésie ni les autres cantons du Bas-Canada ; elle se trouve restreinte au Nouveau Brunswick, à la Nouvelle Ecosse et à la partie de l'Etat du Maine située à l'est du Kennebek. Il est facile de ramener son nom à la forme primitive qui devait être *Norœnbygdh* ou Norrœnbygdh (contrée des Norrains ou Norvégiens) (1). Ce qui justifie cette conjecture, c'est que le globe d'Ulpius (2) dressé

---

(1) Dans cette composition le mot ethnique n'estpas décliné, non plus que dans *Finnbygdhs* (pays des Lapons). On pourrait substituer au norrain *bygdh* (pays) le mot færeyen *bygvi* qui signifie habitation et qui, en suédois, a pris la forme de *bygge* dans *nybygge* (colonie). — En 1646, La Peyrere, qui ne savait par le danois, mais qui entendait parler à Copenhague de *Eystribygdh* et de *Vestribygdh*, contrées de l'ancien Grœnland, transcrivait ces mots par *Ostrebug* et *Westrebuy* (Voy. *Relation du Grœnland*, p. 99, 103, 107 110, dans *Recueil de voyages au Nord*, T. I. Amsterdam, 1705, in-18.) Il est probable que les habitants de la Norumbega avaient également apocopé le *dh* ou *d doux*, lorsque ce nom fut recueilli de leur bouche par nos plus ancien navigateurs aux Terres Neuves.

(2) *Regiones orbis terrarum quæ aut a veteribus traditæ aut nostrâ patrumque memoriâ compertæ sint Euphrosynus Ulpius*

trois ans après la composition du discours du grand marin Dieppois, nomme *Verrazzana sive Nova Gallia* le pays que le discours appelle *Norumbega*, et y place les noms suivants, en allant du nord au sud : *Cemeri, Cavo S. Francisc., Porto Reale, C. S. Johan*, Normanvilla, *Rio del sole, C. di S. Germano, Lungavilla, Piaggia de Calami, Selva de Cervi.* Normanvilla, ville des Normands ou Norvégiens, placée vers 43° ou 44° de latitude septentrionale, paraît être la capitale de la Norumbega.

Le premier écrivain, qui à notre connaissance ait donné des notions un peu plus amples de la Norombègue, est Jean Alphonse, pilote Saintongeois, « homme des plus entendus au fait de la navigation qui fust en France de son temps (1). » Il accompagna Roberval dans son voyage à la Nouvelle France, en 1541, et il nous apprend lui-même qu'il explora la Norombègue jusqu'à une baie située par 42° de latitude septentrionale, qui la sépare de la Floride (2). On lit dans sa

---

*describebat anno salutis 1542.* Ce globe, trouvé en Espagne, est actuellement en la possession de l'*Historical Society* de New-York. La partie représentant l'Amérique du Nord a été reproduite par M. Henry C. Murphy, dans *The Voyages of Verrazzano, a chapter in the early History of maritime Discovery in America.* New-York. 1875, in-8°. p. 114.

(1) *Voy. du S<sup>r</sup> de Champlain.* L. I, ch. 5. T. I, p. 39 de l'édit. de Paris, 1830.

(2) C'est sans doute la baie de Long Island située un degré plus au sud que ne porte la Cosmographie, fol. 185 de l'ancienne pagination. Ce passage a été publié en Anglais par Hakluyt et retraduit de l'Anglais en français dans l'extrait du Routier de Jean Alphonse, sous le titre de : *Voyages de découverte au Canada entre les années 1534 et 1542 par Jacques Cartier, le S<sup>r</sup> de Roberval, Jean Alphonse de Xaintoigne* etc. Imprimé sur d'anciennes relations et publié sous la direction de la Société littéraire et historique de Québec. Québec, 1843, in-8° p. 86.

cosmographie : « Je ditz que le cap de Saint-Jehan, dict Cap à Breton et le cap de la Franciscane sont nord-est et sud-ouest et prennent un quart de est à ouest, et y a en la route cent quarante lieues et icy faict ung cap appelé le cap de *Norombègue*. Le dict cap (1) est par *quarante et ung* degrez de la haulteur du polle artique. La dicte coste est toute sableuse, basse, sans nulle montaigne. Et au long laquelle coste y a plusieurs isles de sable et coste fort dangereuse de bancs et rochiers. Les gens de ceste coste et de Cap à Breton sont maulvaises gens, puissans, grandz fleschiers, et sont gens qui vivent de poissons et de chair, *et ont aulcun motz* et parlent quasi le mesme langaige de ceux de Canada (2) et sont grand peuple. Et ceux de Cap à Breton vont donner la guerre à ceulx de la Terre Neufve quand ils peschent et pour nulle chose ne saulveroyent la vie à ung homme quand ilz le prennent, si n'est jeune enfant ou jeune fille. Sont si

---

(1) Il s'agit du Cap de la Franciscane ou Pointe Montauk, formant l'extrémité orientale de Long Island.

(2) Il ne faudrait pas interpréter ce passage comme l'a fait M. Kunstmann, dans un ouvrage d'ailleurs fort bien fait *(Die Entdeckung Amerikas,* p. 47) et surtout précieux pour ses reproductions de cartes inédites. Analysant la description que Wytfliet a donnée de la Norumbega, en partie d'après Jean Alphonse, le savant bavarois dit : « Les habitants de la Norumbega suivent les mœurs et les coutumes françaises. Les navires des Français ont aussi là leurs stations, comme l'indique l'île Claudia. » (ainsi nommée d'après la reine Claude de France, femme de François Ier). M. Kunstmann a cru que les habitants de la Norumbega étaient francisés (befolgen französische Lebensart und Sitten); mais Jean Alphonse et Wytfliet disent seulement : l'un, qu'ils parlaient à peu près le langage des indigènes du Canada; l'autre qu'il avaient les mœurs des sauvages (et non des colons) de la Nouvelle France. Il est bon de le noter, de peur que l'assertion de M. Kunstmann ne donne lieu de croire que les indigènes de la Norombègue parlaient le français, de même qu'ils avaient des mots approchant du latin.

cruels que si prennent ung homme portant barbe, ilz luy couppent les membres et les portent à leurs femmes et enffans, affin d'estre vengez en cela. Et y a entre eux force pelleteries de toustes bestes. Audela du cap de Norombègue descend la rivière dudict *Norombègue*, environ vingt et cinq lieues du cap. Ladicte rivière est large de plus de quarante lieues de latitude en son entrée et ceste largeur au dedans bien trente ou quarante lieues et est toute pleine d'isles qui entrent bien dix ou douze lieues en la mer et est fort dangereuse de rochers et baptures (récifs). Ladicte rivière est par quarante et deux degrez de la haulteur du polle artique. Audedans de la dicte rivière quinze lieues y a une ville qui s'appelle *Norombègue* et y a en elle de bonnes gens et y a force pelleteries de toutes bestes. Les gens de la ville sont vestuz de pelleteries, portans manteaulx de martres. Je me doubte que la dicte rivière va entre en la rivière de Hochelaga, car elle est sallée plus de quarante lieues en dedans selon le dict des gens de la ville. Les gens parlent beaucoup de motz qui approuchent du latin et adorent le soleil et sont belles gens et grandz hommes. La terre de Norombègue est haulte et bonne » (1).

---

(1) *Cosmographie de Jehan Allefonse et de Raulin Secalart, cosmographe de Honnefleur*, 1545, manuscrit français de la Bibliothèque nationale de Paris, n° 676, grand format; fol. 187 de l'anc. pagination. — Voy. notice sur cet ouvrage dans *Les manuscrits français de la Bibliothèque du roi* par M. A. Paulin-Paris, t. V, 1842, in-8°, p. 310-3. Le savant paléographe lit Raulin Secalart, tandis que M. Margry lit Paul Secallar (*Navigations françaises*, p. 228). — Ce manuscrit est fort difficile à déchiffrer et l'écriture en est presque effacée, surtout celle des nombreuses cartes insérées dans le texte, aussi M. Brevort, qui a fourni à M. Murphy le texte que ce dernier a traduit en anglais et publié dans son ouvrage sur Verrazzano (p. 37-38), a-t-il mal lu les mots soulignés dans le passage reproduit plus haut. Ainsi il écrit *Noroverege* et une fois *Norombergue* au lieu de Norombegue; il lit 45° au lieu de 41° pour le cap de la Franciscane; enfin il supprime la phrase : *et ont aulcun motz.*

Cet extrait a besoin de diverses explications : la distance de cent quarante lieues entre le cap Breton et un autre situé au sud-est, qui portait le nom de cap de la Franciscane et qui paraît être la pointe Montauk, est passablement exacte, si l'on compte seize lieues et demie au degré, comme Jean Alphonse lui-même nous dit qu'il faut faire (1). Ce cap ou plutôt la baie de Long-Island, que Jean-Alphonse n'a pas explorée à fond, formait, selon lui, la limite entre la Floride et la Norombègue. La rivière de Norombègue qui a plus de quarante lieues (242 kilomètres) de large à son embouchure, qui continue à avoir cette largeur 30 ou 40 lieues plus haut, qui est pleine d'îles s'avançant à 10 ou 12 lieues en mer, ne peut être aucune des rivières proprement dites qui existent entre le cap Breton et la pointe Montauk ; les plus importantes d'entr'elles, les rivières Saint-Jean et Sainte-Croix, le Penobscot et le Kennebek, sont loin d'avoir les dimensions extraordinaires dont parle le cosmographe ; il ne faut donc pas prendre « rivière » dans le sens ordinaire, mais bien dans celui de « golfe » (comme Rivière de Gênes) ou plutôt de « bras de mer. » L'auteur l'entendait bien ainsi, puisqu'il suppose, d'ailleurs gratuitement, que la rivière de Norombègue était en communication avec celle de Hochelaga (le fleuve Saint-Laurent). Dans toute la contrée décrite par Jean Alphonse, il n'y a que la Baie Française (2), située entre la Nouvelle Ecosse et le Nouveau Brunswick qui ait à peu près les dimensions attribuées à la rivière de Norombègue : entre le cap Sainte-Marie à l'ouest de la Nouvelle Ecosse et la rive occidentale de la baie du Penobscot, il y a en effet 240 kilomètres. Ce golfe a bien aussi quarante lieues de profondeur ; à la vérité il n'a pas partout la largeur que

---

(1) Fol. 185 de sa *Cosmographie.*

(2) Appelée par les Anglais Fundy Bay, sans doute par corruption des mots *fond de baie,* qui, du temps de la domination française, devaient s'appliquer soit à la baie de Chignecto ou Beau-Bassin, soit au Bassin des Mines.

notre cosmographe lui attribue d'après les rapports des indigènes ; il est néanmoins extrêmement large, ayant encore 45
kilomètres de largeur à l'endroit où il se bifurque en deux
baies, celle de Chignecto et le bassin des Mines. Les nombreux îlots qui obstruent la baie du Penobscot et de Passimaquoddy, les longues îles et péninsules situées au sud de la
baie de Fundy, justifient les assertions de notre auteur relati-
vement aux îles qui s'avancent bien de dix à douze lieues
dans la mer. Il faut donc se ranger à l'avis de M. l'abbé
Laverdière, le savant éditeur de Champlain, qui soutient
contre son auteur, que la rivière de Norombègue est la baie
de Fundy, et non le Pentagouet ou Penobscot (1).

Seulement, il reste une assez grande difficulté, c'est que
Jean Alphonse donne une fausse latitude à la rivière de
Norombègue ; il la place (sans doute son entrée) par 42° de
latitude septentrionale. Or à cette hauteur il n'y a pas, dans
la partie orientale de l'Amérique du Nord, de bras de mer ou
de cours d'eau auquel puisse s'appliquer la description de
Jean Alphonse, et la baie de Fundy est par 44° 30' ; il faut
donc conclure que le pilote de Roberval s'est trompé dans ses
évaluations ou a mal recopié ses notes, si toutefois l'erreur
est de lui et non pas de son copiste ou continuateur Raulin
Secalart. La ville de Norombègue étant située à quinze
lieues ou cent kilomètres en amont de l'entrée de la rivière,
il faut la chercher soit dans l'ancien Port-Royal ou Bassin
d'Annapolis, soit dans la baie de Passimaquoddy. Au milieu
du XVI⁰ siècle, ses habitants ne se distinguaient plus des
féroces sauvages des côtes voisines et du cap Breton, que
par des mœurs plus douces (2), par un costume plus riche,

---

(1) *Œuvres de Champlain*, édit. Laverdière, t. III, p. 31.

(2) « Bonnes et belles gens, » dit J. Alphonse. Le même témoignage leur est rendu par le marin Dieppois : « Gli habitori di
questa terra sono genti trattabili, amichevoli et piacevoli. » (Ramusio, *Terzo volume delle navigationi et viaggi.* Venise, 1556,
in-fol., t. III, fol. 423.)

par plus d'adresse et d'habileté, et par l'usage de fils de coton, indices de leur ancienne civilisation qui, à la vérité, ne seraient pas assez caractéristiques, s'il n'était resté dans la langue du pays quelques mots approchant du latin. — Notons en passant, que Membertou, sagamo ou chef des Souriquois de la Nouvelle Ecosse « était barbu comme un Français (1), ... ce qui est si rare parmi les peuples de l'Amérique, que s'il ne fût pas né avant l'arrivée des Français dans son pays, on n'eût pas douté que le sang européen ne fût mêlé dans ses veines avec le sang américain (2) ». Il avait été autmoin, c'est-à-dire prêtre ou schaman, et, comme marque de cette dignité, il portait suspendu sur la poitrine un triangle (3), peut-être par allusion à la croyance en la Trinité chrétienne.

Dans la dernière moitié du même siècle, la Norombègue paraît avoir éprouvé le contre-coup de la révolution qui eut lieu dans la Nouvelle France entre les voyages de J. Cartier et ceux de Champlain. La famille huronne-iroquoise, que le premier avait trouvée dans les royaumes de Hochelaga et de Canada, paraît avoir été remplacée par la famille algonquine, et lorsque Champlain visita de nouveau ces pays, 80 ans plus tard, il ne restait plus de trace de Hochelaga ni de Stadaconé (4). De même pour la Norombègue, André Thevet, qui appelle

---

(1) *Relation de la Nouvelle France* (par le P. Biard), 1611, réé-ditée dans *Relations des Jésuites*, t. I. Québec, 1858, in-8°, p. 33.

(2) De Charlevoix, *Hist. et descr. de la Nouvelle France*. Paris, 1744, in-4°, t. I, p. 129.

(3) F. M. Max. Bibaud, *Biographie des Sagamos illustres de l'Amérique septentrionale*. Montréal, 1848, in-8°, p. 54.

(4) Aussi Champlain remarque-t-il expressément que, au temps de J. Cartier, « le pays était plus peuplé de gens sédentaires qu'il n'est à présent. » (*Voy. du Sr de Champlain*. L. I. ch. 2, édit. de 1830. T. I. p. 14. — Cfr. *Cours d'histoire du Canada*, par J.-B.-A. Ferland, part. Iʳᵉ. Québec, 1861, in-8°, p. 45 ; — Parkman, *Les Pion-niers français*, trad. citée, p. 144, note 4.)

Cartier « son singulier ami » et Roberval « son familier, » qui dit avoir reçu d'eux des renseignements, qui affirme s'être souvent entretenu avec Donnaconna, roi de Canada, et qui prétend avoir visité la Norombègue (1), écrit dans sa *Cosmographie universelle* (2), publiée une trentaine d'années après les voyages faits par J. Cartier, Roberval et J. Alphonse, « l'une des plus belles rivières qui soit en toute la terre est nommée de nous Norombègue et des barbares Aggoncy (3). » Il ajoute : « Elle est marquée en quelques cartes marines Rivière Grande. Il entre plusieurs autres belles rivières dans ceste-ci, et sur laquelle jadis les Français firent bâtir un petit fort (4) quelque dix ou douze lieues en icelle, lequel était environné d'eau doulce, qui va dégorger dans icelle et fut nommée ceste place le fort de Norombègue (5). » Mais un peu plus loin, il dit que ceux du pays nomment la terre Française Norombègue (6). C'est donc de son temps, dans le troisième

---

(1) « Ayant mis pied à terre, » (*Cosmographie*, fol. 1008)........ « Ayant demeuré là cinq jours. » (*Ibid.* fol. 1009.)

(2) Paris 1575, 2 vol. in-fol.

(3) Cette remarque et celle de Wytfliet (voy. plus loin) montrent que M. Murphy n'est pas fondé à affirmer que le nom de Norumbega est *incontestablement* emprunté aux Indiens. C'est donc en vain qu'il cite, à l'appui de cette opinion, le passage suivant du missionnaire Vetromille : « Nolumbega a le sens *d'eau dormante entre les cataractes*, dont il y a plusieurs dans cette rivière. A diverses reprises, voyageant en canot sur le Penobscot, j'ai entendu les Indiens appeler ces endroits *Nolumbega.* » (*History of the Abenakis.* New-York. 1866, p. 48-49.)

(4) Probablement en 1518, lorsque le baron de Léry et de Saint-Just, vicomte de Gueu, tenta de coloniser le nord de l'Acadie. (Voy. *Hist. de l'Acadie française*, par M. Moreau. Paris 1873. in-8° p. 2-3.)

(5) *Cosmogr. univ.* fol. 1008.

(6) « La coste de Canada, depuis le Cap de Lorraine [ou Cap Breton], tournant au Sud, entre ainsi en mer comme fait l'Italie entre

quart du XVI<sup>e</sup> siècle qu'eut lieu ce changement de nom, impliquant, sinon un changement de nationalité, tout au moins une révolution politique.

Le nom de Norombègue paraît avoir été le plus ancien; celui d'Aggoncy aurait été mis en usage par les Algonquins, nouveaux maîtres du pays. Wytfliet, qui conserve encore le nom du pays et de la ville de Norombègue, remarque « qu'on ne trouve point d'où elle tire son nom, car les barbares l'appellent Agguncia (1). » Même après être tombé en désuétude dans le pays, le nom de Norombègue, une fois passé

---

les mers Adriatique et Ligustique, y faisant comme une péninsule [la Nouvelle Ecosse]. En la région donc plus voisine de la Floride, que aucuns ont appelée Terre Françoise et ceux du pays Norombègue, la terre est assez fertile en diverses sortes de fruits. » (*Cosmog. Univ.* f. 1010).

(1) « Plus outre [que la Virginie], vers le septentrion est Norombega, laquelle d'une belle ville et d'un grand fleuve est asses cognue, encor que l'on ne trouve point d'où elle tire ce nom, car les barbares l'appellent Agguncia. Sur l'entrée de ce fleuve, il y a une isle fort propre pour la pescherie ....... Les habitants vivent de mesme façon que ceux de la Nouvelle France. » (*Hist. univers. des Indes occidentales* ..... par M. Wytfliet, nouv. trad., Douay, 1607, pet. in-fol., p. 130-1). — D'après la carte de Norombega et de Virginie, dans le même ouvrage, la première de ces contrées est la côte qui court de l'est à l'ouest par 44°, 45° de lat. N. En haut du fleuve de Norombega ou Rio-Grande, par 45° 20', on voit une ville à l'endroit où le fleuve se bifurque, ou pour mieux dire au confluent des deux rivières qui le forment. Comme ce fleuve n'est autre que la baie de Fundy, la ville aurait été située sur le cap Chignecto, ou peut-être à l'entrée du bassin d'Annapolis, comme Jean Alphonse semble l'indiquer. L'île propre à la pêche doit être Grand-Manan. De même dans la mappemonde de Gérard Mercator, publiée à Duisburg en 1569, et reproduite par M. Jomard (dans ses *Monuments de la Géographie*), la ville de Norombega est située au fond d'un golfe profond, le Rio-Grande, dans lequel se jette une rivière formée de deux branches à peu près égales.

dans la géographie écrite, s'y maintint pendant tout le XVI<sup>e</sup> siècle. Le titre de Seigneur de Norombègue ne fut pas seulement conféré à Jean-François de la Roque, s<sup>r</sup> de Roberval (1540), mais encore au marquis de la Roche, en 1598, ou plutôt en 1578, selon M. l'abbé Ferland (1). Cependant lorsque des explorateurs attentifs eurent remarqué que cette dénomination ne répondait plus à la réalité des choses, ils en contestèrent la justesse. C'était leur droit, seulement ils allèrent trop loin en niant qu'il y eût jamais eu une ville de Norombègue. Ils eurent d'abord le tort de la chercher sur une rivière à laquelle ne s'applique aucunement la description donnée par Jean Alphonse. « Je croy que ceste rivière, dit Champlain en parlant du Pentagouet ou Penobscot, est celle que plusieurs pilottes et historiens appellent Norombègue et que la pluspart ont escrit estre grande et spacieuse, avec quantité d'isles, et son entrée par la hauteur de 43° et 43° et demi ; et d'autres, par les 44°, plus ou moins, de latitude. Pour la déclinaison, je n'en ai leu ni ouy parler à personne. On descrit aussi qu'il y a une grande ville fort peuplée de sauvages adroits et habilles, ayant du fil de cotton. Je m'asseure que la plupart de ceux qui en ont fait mention ne l'ont veue et en parlent pour l'avoir ouy dire à gens qui n'en sçavaient pas plus qu'eux. Je croy bien qu'il y en a qui ont peu en avoir veu l'embouchure, à cause qu'en effet il a quantité d'isles et qu'elle est par la hauteur de 44 degrés de latitude en son entrée, comme ils disent ; mais qu'aucun y ait jamais entré, il n'y a point d'apparence ; car ils l'eussent descripte d'une autre façon, afin d'oster beaucoup de gens de ceste doute. Voilà au vray ce que j'ay remarqué tant des costes, peuples que rivières de Norombègue, et ne sont les merveilles qu'aucuns en ont escriptes (2). »

---

(1) *Cours d'histoire du Canada*, part. I, p. 31.

(2) *Les voyages du sieur de Champlain*, Paris, 1613, in-4°, ch. V, dans *Œuvres de Champlain*, édit. Laverdière, t. III, 1870, p. 31-32.

Marc Lescarbot, compagnon de Champlain, réfute, non sans acrimonie, Wytfliet et Jean Alphonse (1); mais lui aussi, il passe à côté de la question, en ce qu'il cherche sur le Pempregoot (Pentagouet ou Penobscot) la ville de Norumbega. « Si cette belle ville à oncques été en nature, je voudrois bien sçavoir qui l'a démolie ; car il n'y a que des cabanes par ci par là, faites de perches et couvertes d'écorces ou de peau, et s'appellent l'habitation et la rivière tout ensemble Pempregoot, et non Agguncia ; la rivière hors le flux de la mer ne vaut pas la rivière d'Oise. » Il ne s'aperçoit pas qu'il infirme lui-même son argumentation en plaçant cette ville sur un cours d'eau fort différent de celui dont parle Jean Alphonse. Nous avons expliqué le changement de nom ; l'absence de ruines sur les rives du Penobscot s'explique encore plus facilement, si Norumbega ou Normanvilla était située vers 45ᵉ de Lat. N. (comme l'indique la carte de Wytfliet), sur une des côtes de la baie de Fundy. Nous savons d'ailleurs que les ruines disparaissent vite dans ce climat. Les doutes de Champlain et de Lescarbot font plus d'honneur à leur bonne foi qu'à leur perspicacité ; il ne nous empêcheront point de croire que, avant leurs explorations, il y avait sur les côtes méridionales de la péninsule, au Sud du St-Laurent, un pays appelé Norombègue, avec des habitants plus civilisés que les Peaux-Rouges. Ils étaient encore à demi chrétiens avant l'arrivée des Français ; aussi Lescarbot, après avoir dit qu'il serait facile de convertir les sauvages des pays situés entre le cap Breton et la pointe de Malebarre, ajoute-t-il dans son naïf langage : « Et de cecy, j'ay des témoignages certains, pour ce que je les ay reconnus tout disposés à cela par la communication qu'ils avaient avec nous, et y en a qui sont chrétiens de volonté et en font les actions telles qu'ils peuvent, encore qu'ils ne soient baptisés (2). »

---

(1) *Hist. de la Nouvelle-France*, L. IV, ch. 7.
(2) *Ibid.* L. V, p. 714 de l'édit. de Paris. 1618, in-8ᵒ.

Les enseignements des papas n'avaient pas été infructueux : le long séjour que les Scoto-Irlandais et les Islandais ou Norvégiens du Grœnland avaient fait parmi les indigènes du Nouveau Monde, le mélange des races qui probablement eut lieu, avaient préparé les Peaux-Rouges de la péninsule située au sud du Saint-Laurent à recevoir la civilisation apportée par les pionniers français, ce qui facilita l'alliance des colons et des indigènes. Un judicieux observateur (1) a constaté « que les unions avec les femmes sauvages furent beaucoup plus fréquentes parmi les Acadiens que chez les Canadiens...... et en effet une tradition constante chez tous ceux qui se sont occupés de leur histoire a attribué en partie à ces fréquentes unions l'étroite amitié qui a toujours régné, sans jamais s'altérer, entre les Acadiens [colons français] et leurs voisins Micmacs et Abenakis. Comme les familles originaires des Acadiens ont été peu nombreuses, on peut donc affirmer que, par suite des mariages subséquents, il est peu de familles acadiennes qui n'aient quelques gouttes de sang indien dans leurs veines. » S'il avait été donné aux colons français de continuer paisiblement leur œuvre dans l'Acadie sans être troublés et expulsés par leurs jaloux et ambitieux voisins de la Nouvelle Angleterre, nul doute que la fusion des anciens et des nouveaux venus si bien commencée, ne fût devenue complète, et que les descendants des Celtes de la Grande Irlande et des Norvégiens du Markland n'eussent été de nouveau élevés à la civilisation par un autre peuple à qui ses revers n'ôteront pas la gloire de les avoir ramenés au Christianisme et de les avoir traités en hommes, en frères et en citoyens français.

---

(1) Rameau, *Canadiens et Acadiens*, I<sup>re</sup> partie, p. 24, 124.

M. **Beauvois**, après s'être excusé de demander la parole, alors que les conclusions de son mémoire n'ont été contestées par aucun des honorables préopinants, s'exprime en ces termes :

Je n'attache pas une importance exagérée au seul fait que des croix très-anciennes ont été trouvées dans plusieurs contrées de l'Amérique, car elles peuvent y avoir servi d'ornements ou d'emblèmes dont la signification nous est aujourd'hui inconnue, tout aussi bien que de symboles de la foi chrétienne. C'est une thèse qu'a soutenue avec beaucoup d'érudition le P. Lafiteau de la Compagnie de Jésus (1), et qu'il résumait en ces termes : « Quoique la croix soit le signe du chrétien, elle n'est pourtant pas une marque infaillible de christianisme et de la prédication de l'Evangile. » Depuis, un profond numismate danois, M. C. L. Müller, a fait d'immenses recherches sur les *Symboles religieux en forme d'étoiles, de croix et de cercles chez les peuples de l'Antiquité* (2), et un archéologue français, M. Gabriel de Mortillet, a traité amplement du *Signe de la croix avant le Christianisme* (3).

---

(1) *Mœurs des Sauvages Américains*. T. I. p. 425-451. Paris, 1754 2 vol. in-4°.

(2) *Religiœse Symboler af Stjerne-, Kors-, og Cirkel- Form hos Oldtidens Kulturfolk*, avec une planche et des gravures sur bois, Copenhague, 1864, in 4°; extrait de *Det Kongl. Danske Videnskabernes Selshals Skrifter*. 5° série, section historico-philosophique, t. III.

(3) Paris, 1866, in-8°, avec 117 grav. sur bois.